普华文化

PUHUA BOOKS

我们一起解决问题

满分学习法

从高效学习到满分人生

柳 柳◎著

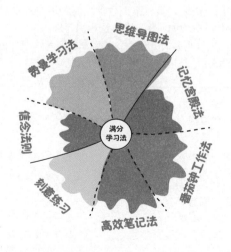

人民邮电出版社

北京

图书在版编目（CIP）数据

满分学习法：从高效学习到满分人生 / 柳柳 著
. -- 北京：人民邮电出版社，2024.4（2024.6重印）
ISBN 978-7-115-64043-7

Ⅰ．①满… Ⅱ．①柳… Ⅲ．①学习方法－通俗读物
Ⅳ．①G791-49

中国国家版本馆CIP数据核字(2024)第055180号

内 容 提 要

高效能人士有什么秘诀？为什么有的人可以成为学霸、精英，或在某一领域成为领军人物？如何像他们一样成绩好、表现突出、成为杰出的人才？哪些学习方法，可以让我们在生活和工作中始终保持卓越？

本书作者根据多年在学习方法领域的研究经验，介绍了七种世界公认的高效学习法，这七种学习法分别是费曼学习法、思维导图法、记忆宫殿法、番茄钟工作法、高效笔记法、刻意练习和信念法则。每一种学习法分别对应了一个成功要素的实现，掌握了这七种学习法，你就拥有了收获满分成绩的秘籍，也就掌握了实现满分人生的秘诀。本书内容实用、图表丰富、案例生动，作者还在每章的最后设计了一个"实操"环节，可以手把手教你如何将这些方法运用起来。

本书适合中学生、大学生、研究生，各类考试的备考人员，刚进入职场的年轻人，以及学生家长阅读和使用。

◆ 著 柳 柳
责任编辑 贾淑艳
责任印制 彭志环
◆ 人民邮电出版社出版发行　北京市丰台区成寿寺路 11 号
邮编 100164　电子邮件 315@ptpress.com.cn
网址 https://www.ptpress.com.cn
北京市艺辉印刷有限公司印刷
◆ 开本 880×1230　1/32
印张：9　　　　　　　　　　　2024 年 4 月第 1 版
字数：180 千字　　　　　　　2024 年 6 月北京第 6 次印刷

定　价：59.80 元

读者服务热线：（010）81055656　印装质量热线：（010）81055316
反盗版热线：（010）81055315

广告经营许可证：京东市监广登字20170147号

前言

改变方法，重启人生

高效能人士有什么秘诀？为什么有的人可以成为学霸、精英，或在某一领域成为领军人物？如何像他们一样成绩好、表现突出、成为杰出的人才？这些看得到的成功都是结果，我们需要探讨背后的原因是什么。

实现人生的成功，少不了一些基本的要素。

种什么因，得什么果。要想得出好的结果，我们必须先种下好的种子。认知导致结果，一个人有什么样的认知，就会给人生带来什么样的结果，这就是认知—结果理论。

在这个经典的认知导致结果的理论中，我加入了两个新的变量：行为和习惯。

认知是根本，认知影响了你的所思所想；你的认知，决定了你的行为；你的行为，决定了你的习惯；这一切决定了你的结果。人生最终的结果如何，完全取决于你的认知、行为和习惯。

认知→行为→习惯→结果

想要改变认知、行为和习惯，就要有相应的方法和技能。真正将杰出的人和普通人区分开来的是技能、技巧和方法。成功人士的秘诀就是通过一些技能、技巧和方法，调动了更多的思维和潜力，从而实现了更大的成就。

本书涉及多个学科的知识，如教育学、心理学、社会学、脑科学、管理学等，包含大量的科学研究、案例和实验。目标是让你正视过去的自己，找到那些低效、无用甚至阻碍你的旧模式，彻底摧毁它们，取而代之，用更高效、科学的方法训练自己，重塑自己的认知，转变自己的行为和习惯。

成功七要素

成功的人都是相似的，他们总是精力充沛、非常专注、行动力超强、自信果断、思维敏捷。

通过在高效学习、成功法则、认知和信念、自我成长、习惯养成等领域多年的研究，我发现了人生的成功必须具备这七个基本要素：主动力、思考力、记忆力、专注力、笔记力、重复力和情绪力。小到要学会什么知识，大到实现人生目标，都少不了这七个要素。

无论想在学业上取得好成绩，在事业上获得骄人的成绩，还是提升能力和技巧，在某个领域达到顶尖水平，抑或是拓展副业，实现个人成长，收获幸福的人生，都需要掌握这七个要素。

要知道，你和那些学霸、名人、历史伟人的脑容量和智商可能并没有什么差别，唯一的差别就是方法。

本书所称的满分学习法由七种世界公认的高效学习法组成，可以帮助你在学习和工作中提升效能，在生活中收获成果。满分既是一种学习目标，也是一种人生目标。向着月亮奔跑，即使未能触及，也能欣赏到满天星辰。掌握了正确的学习方法，满分人生也并非遥不可及。

满分学习法

要想拥有前文所述的七个成功要素，就需要运用正确、高效的方法和工具。哲学家埃里克·霍弗说过："学习者将会继承地球。"只有不断学习，不断成长，不断实现自我迭代的人，才能与时俱进，顺应这个高速发展的大环境，才不会被时代淘汰。

满分学习法包含了七种世界公认的高效学习法，正是这七种学习法促成了人们的成功。每一种学习法分别对应了一个成功要素的实现。这七种学习法都是权威的，经过世人反复实践、流传已久的经典学习法。掌握了这七种学习法，你就拥有了收获满分成绩的秘籍，也就掌握了实现满分人生的秘诀。

满分学习法

满分学习法包含的七种高效学习法如下。

1. 主动力——费曼学习法，让被动学习变主动学习，积极应对，夺回人生主动权。

2. 思考力——思维导图法，促进发散思考，转变认知模式，增强逻辑思考，释放大脑无限潜力。

3. 记忆力——记忆宫殿法，激活大脑记忆专区，让你过目不忘，记得更快、更多、更好。

4. 专注力——番茄钟工作法，提升专注力、效率和生产力，让你沉浸式学习和工作。

5. 笔记力——高效笔记法，整理思维，提高学习和工作的效率。

6. 重复力——刻意练习，掌握有效训练的技巧，你可以在任何领域从新手变成大师。

7. 情绪力——信念法则，扭转消极信念，成为情绪的主人，全面激发个人潜能，创建幸福人生。

这七种学习法就是高效能人士、杰出人士都在运用的方法，每一种方法都经过了时间的沉淀，是实打实的经典学习法。这七种学习法可以帮助你：

- 提高在任何事情上取得成功的概率；
- 取得理想的学习成绩，告别低效学习；
- 提升工作业绩，成为某个领域的精英；
- 加强时间管理，克服拖延，更加自律、高效和专注；
- 增强自控力，夺回人生主动权；
- 更加幸福和成功，等等。

记住：如果别人能做到，你也可以！

这七种学习法将从多个维度重塑你的认知、思维和大脑。这些方法不仅能让学习变得更容易，让你更快地吸收新知识，也能让你在人生道路上处理问题时变得更加得心应手，通过改变思维模式做出更优的人生决定。

你会发现，方法人人都可以学，一旦你掌握了高效的方法并付诸实践，你也能充分发挥思考力、记忆力和创造力，重新定义人生的高度。

四个步骤，重启人生

本书包含了四个部分的内容。

第一步，开启改变人生的正循环。 第1章和第2章让你认识到思维和认知的重要性，意识到你大脑中旧有的、无用的"编程"，然后下决心纠正和改变这些思维。

第二步，转变认知，重塑思维。 第3章到第5章将介绍如何通过费曼学习法变被动等待为主动出击，如何通过思维导图法释放大脑的无限潜力，如何通过记忆宫殿法提升记忆力。

第三步，转变行为，加强自我管理。 第6章和第7章将介绍如何通过番茄钟工作法提升专注力，让你的效率飙升；如何通过科学做笔记的方法，提升专注力、记忆力，进而促进思考和灵感的产生。

第四步，转变习惯，建立恒久成功。第 8 章和第 9 章将介绍如何通过刻意练习提升重复力，以及如何通过信念法则掌握情绪，创建幸福人生。

每一种学习法为一章。每一章不仅介绍了该学习法是什么及如何运用，还讲解了该学习法的底层逻辑及相关的延伸知识。所以在阅读时，请先按照章节顺序阅读。然后，在阅读的过程中将这七种学习法结合起来看。书中也会提醒大家每部分与上下文中哪些内容产生了联结，你也可以回到对应的章节进行回顾。

每一章的最后都有一个"实操"环节，手把手教你如何将这些方法运用起来，请你务必完成每一章最后的练习。将书中的学习法运用起来，将其融入你的思想、日常生活和习惯，你不需要等书全部看完了才去做，或是等待一个契机才去行动，而是随时随地都可以去实践，决定权完全在你。停止那些内耗的行为和低效的方法，你的人生一定会迎来改变。

我衷心希望，这本书能给你带来更积极、更高效的人生，帮助你发掘成长道路上的惊喜和美妙之处！

目录

第4章

思考力——用思维导图法重塑认知模式

第5章

记忆力——用记忆宫殿法实现过目不忘

第8章

重复力——用刻意练习开启天才之路

第9章

情绪力——用信念法则创建幸福人生

第 1 章

全面认识个人潜能

在你小时候，人们总会问你长大了想做什么。对一些人来说，答案显而易见，网球选手德约科维奇在 6 岁时就找到了奋斗一生的目标——打网球；莫扎特在 4 岁时就在钢琴上展露出了天赋，音乐成了他的人生使命。

但对有些人来说，未来恐怕没这么清晰。凡·高在 26 岁时才开始学画画，要知道这对一个艺术家来说已经是"高龄"了，刚开始他还被身边的人说毫无绘画天分；J.K. 罗琳在 32 岁时才出版了她人生中的第一本书，但她写作的系列书成了文学史上和电影史上最大的 IP 之一 ——哈利·波特系列。

当然，对更多人来说，也许至今还没找到自己要做什么。或者说，他们觉得自己无法成为这样或那样的人，因为社会和身边的人告诉他们，那是不可能的。

抑或是他们没有见过和他们经历相似的榜样，不知道该怎样成为自己想成为的人，该如何把想做成的事做好。

是时候做出改变了。

天才真的存在吗

你可能纳闷，为什么有的人从小就能展露出过人的天赋，并在某个领域大放异彩？比如，前文提到的网球选手德约科维奇，没错，在他的网球生涯中，他不仅做到了世界排名第一，还被称为"网球皇帝""世界网球第一人"。在 2023 年的美国网球公开赛中，德约科维奇斩获了自己的第 24 座大满贯奖杯，成为历史上第一位三次赢得网球"全满贯"的球员（即澳网、法网、温网、美网四大满贯赛）。

每个领域总会有那么一个或几个杰出人物，天赋异禀，有着远超常人的才能，无人能及。无论音乐家杰出的演奏能力，还是运动员超高的竞技水平，都让我们不禁感叹，真是天才啊！

但是，为什么老天偏偏选择他们当天才？

这难道是命运使然，是幸运降临到他们的头上了吗？就像德约科维奇在比赛中犹如战神附体，像一个机器人一样，仿佛永远不会累，永远不会出错。他是如何一步步走上世界第一的宝座的？

通往冠军之路

德约科维奇成长于塞尔维亚一个偏远的小村子。小时候，有一次在父母经营的比萨店里，他无意间在电视中看到了这一幕：在温布尔登网球锦标赛的决赛中，名将桑普拉斯大获全胜，高高地举起冠军奖杯。

那一刻，他突然感觉：有一天他也会举起这个冠军奖杯。

但问题是，他从未打过网球，在他的家乡，很少有人打网球，甚至连网球场都很少见。而且，当时的塞尔维亚饱受战争的摧残，晚上睡觉时，德约科维奇所在的小镇都有随时遭遇轰炸的可能，他曾亲眼看到轰炸机将炸弹投向他生活的村子。

战争没有阻碍他追求梦想的路，在德约科维奇开始学习网球的日子里，他放学了从不和别的孩子一起玩耍，总是直接赶回家练球，从不需要别人的督促。他甚至会挑刚遭受轰炸的地方练球，因为他认为同一个地方不会被炸两次。

当学生准备好了，老师自然就出现了。

在很少有人打网球的情况下，他的家乡竟然新建了网球场，他又遇到了一位很有名的网球教练，在他的职业生涯中都发挥了重要的作用。

在接下来的日子里，他一直都坚定地追逐着他的目标并从未改变过：成为世界第一，拿下温布尔登网球锦标赛冠军。正如他所说，他人生的每一天都用来达成这个目标。

他每天只做三件事：训练，合理饮食和休息。

几乎每天如此。

在这个过程中，他也遇到了很多困难和职业生涯的谷底，曾经在世界150多名的排名中徘徊，无法前进。但为了能够成功，在训练上、比赛上、饮食上、心智上，他不放弃一切可能性。

在这无休止的训练和改进中，终于在2011年，他在温布尔登网球锦标赛上突出重围，高高地捧起了冠军奖杯，并且实现了世界排名第一。

曾经那个坐在电视机前的小男孩，在心里埋下了梦想的种子，现在终于实现了。

所以，天才真的存在吗？

所谓的天才，就是在很早年的时候，找到了自己的使命，定下了为之奋斗一生的目标，然后不断地练习，不断地改进，不遗余力地朝着这个目标努力。经过十几年、几十年如一日的打磨技艺，他们站在了这个领域的最顶端，像"神"一样俯瞰众人。

天才就是通过方法，有目标地、不断地大量练习并取得结果的人。

在某个领域有着过人的天分固然令人羡慕，但无论"天赋"还是"智商"，都只是人生发展的一个影响因素，决定不了人生的高度。坚定目标，找对方法，才能决定人生的天花板。

抛开所谓的天赋，也请你别再做测量智商的题目了，比起这些看不见摸不着的问题，你更应该问问自己：我的目标是什么？我用对方法了吗？有没有更好的方法？

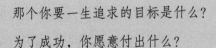

那个你要一生追求的目标是什么？

为了成功，你愿意付出什么？

光靠努力，远远不够

为什么很多错误我们一犯再犯？为什么一道题我们明明记得自己做错过，但就是想不起正确答案？那是因为我们修正答案的反射弧太长了。

> 如果要问努力和选择哪个更重要？
>
> 我想告诉你：方法更重要。

只有努力，没有合理的方法，就是老牛拉车；只注重选择，没有应用，再权衡利弊也是纸上谈兵。

强大的目标感＋努力＋方法，让成功并没有想的那么难。这个世界永远是"适者生存的"，在这个新时代，面对爆炸的信息和变幻莫测的行业，真正的"适者"是掌握了对的方法，并加以运用的人。

找对方法，比无意义的努力更重要。

当你对生活和现状不满意时，你永远都有三种选择：改变现状、接受现状、逃避现状。我相信你打开这本书，就是想改变现状。

如果你继续做着和以前一样的事，还期待出现不一样的结果，那简直就是痴人说梦。要想取得不一样的结果，想要获得你之前从未获得的成功，就要做以前没做过的事，就要尝试新的方法。你不可能用着以前的旧方法，还期盼着有好结果，那些你一直在用的旧方法，你已经知道会带来什么结果了，不是吗？

用错误的方法，就像开着一辆爆胎的汽车，你再努力再专注，也无济于事。找对方法，就是让你坐上一辆可以全速前进的汽车，直达目的地。

认知沙漏：改写人生脚本

撒切尔夫人曾说过这样一句至理名言：

"注意你的思想，因为它将变成言辞；注意你的言辞，因为它将变成行动；注意你的行动，因为它将变成习惯；注意你的习惯，因为它将变成性格；注意你的性格，因为它将决定你的命运。"

我们把这句话简化一下：思想带来行动，行动决定命运。

思想是你的认知，就是你看待事物和应对事物的方式。在成长过程中，你逐渐形成了一套自己的认知模式，这套模式帮助你收集信息、分析情景和得出结论。

接着，根据认知的"经验"，你会采取行动或者不行动。比如，你有一个根深蒂固的观念"人一辈子就是毕业了找到好工作，踏踏实实地升职加薪"，当你面对裁员时，就会觉得天都塌了，而不会思考人生其他的可能性；再比如，你在过往经历中，不知道真正高效的学习技巧和方法，只知道埋头苦干，一旦遇到瓶颈就很容易放弃。

可以说你的一言一行，都受到了认知的支配，这些行为又会影响生活中的习惯，从而得出了现在的结果。所以，认知是"因"，结果是"果"。

✦ 认知沙漏

每个人的人生就像一个沙漏，沙漏一上一下有两个玻璃球。我们都知道沙漏的原理，随着时间的流逝，上面的玻璃球中的沙子，通过细细的管道，流入下面的玻璃球的底部，如图 1-1 所示。

图 1-1　认知沙漏

最后，下面的玻璃球能积攒多少沙子，完全取决于上面的玻璃球中有多少沙子。

认知沙漏就是人生的真实写照。对我们的人生来说，上面的玻璃球中的沙子由认知、行为和习惯组成，下面的玻璃球中积累的沙子就是人生的结果。

在认知沙漏中，认知是一切的源头，认知产生行为，行为产生习惯，这些决定了我们的人生总共有多少沙子。随着时间的推移，上方的沙子顺着管道流下来，迟早会体现到人生结果中，下方的沙子对应着生活、财富、成就，甚至是成绩、体重等一切你视为结果的事物。

沙漏下面的玻璃球能积累多少沙子，完全取决于上面的玻璃球中有多少沙子。既然如此，改变思维就可以改变行为，从而扭转命运。只要改变了源头上的认知，就能推动结果的变化。

有些人很幸运，在早年时通过父母、导师的帮助或自我的探索学习到了正确的方法，随着不断的成长和时间的积累，在人生中取得了很大的成功。有些人则没那么幸运，只知道要努力、要付出，但一生中都没有掌握过正确的方法，因此辛苦了大半生，距离梦想的实现依然遥遥无期。

为什么隔壁桌的学霸学得又快又好，为什么新来的同事总能对市场发表自己的见解，为什么总有人能抓住风口大赚一笔？

因为他们的头脑中，有着和你不同的"编程"，这些不同的思维、想法和认知，就使得每个人做出的决定不同，这些都来自沙漏上面的玻璃球。

有句话说你赚不到认知以外的钱，同理，你也过不上认知以外的生活，你的认知就像为你戴上了一副眼镜，你透过这副眼镜来认识这个世界，但是这副眼镜有可能是带颜色的、带度数的，或者是面哈哈镜，让你看到了一个不全面甚至扭曲的世界。

人一生的追求应该是：

● 不断升级思维模式，这能帮助我们更好地解决问题，做出好的决策；

● 不断改进认知模式，这能让我们改变看待事物的角度，理解世界运行的方式，从而让人生更幸福。

如何增加上面的玻璃球中的沙子？

其实很简单！我们只需要打开沙漏顶部的盖子，往里注入新的沙子就可以了。

增加新沙子的方法就是通过"全新的方法"，即本书的核心内容——七种高效学习法。这七种世界公认高效、科学的学习法，将帮助你建立新的认知、新的行为和新的习惯，将为你的人生源源不断地注入新的沙子，如图 1-2 所示。

图 1-2　用学习法改变认知沙漏

第 2 章

开启改变人生的正循环

用对方法，事半功倍

很多人看似拼命地学习、工作，但结果却不理想，有的人开始怀疑自己，有的人开始自怨自艾。这时候，请不要打击自己，不要觉得自己没有成功的潜质，你只是还没有用对方法。只有用对了方法，才能远离这种低效、失意的人生。

✦ 我们每个人都有一个自己的"方法库"

在从小到大的成长经历中，我们逐渐形成了一套自己的"方法库"，这些方法可能是家长、老师告诉我们的，或者我们从身边的人那里学来的，也可能是我们自己摸索出来的。小到背单词用什么方法，大到如何处理一项全新的工作任务，甚至做出重大的人生决定，我们都会参考这个"方法库"里的经验。

每当需要学习时，我们就会从自己的"方法库"中抽出某一种习惯性方法，加以运用，但是，低效的学习方法非但没有帮助，还会影响我们掌握知识的结果和速度。

不仅面对学习，在人生的方方面面，我们都会不断地用到各种方法去学习、应对事物，做出判断和选择。比如，有的人复习时习惯打开课本盯着看，但事实证明这是一种极为低效的学习方法；有的人听课时习惯边听边做笔记，但不科学的笔记方法对听讲起不到任何帮助。

当你的"方法库"不够大、不够强时，呈现出的结果就会体现在你的人生答卷上，为什么有的人明明很努力，成绩却不见提升，有的人学新东西时总是很慢，有的人工作效率总是很低？因为他们存在"方法库"里的方法并不是好用的方法，甚至有的人根本没有方法！只有改变你的"方法库"，用科学、高效的方法填满它，才能让结果发生改变。

✦ 打造高效能人士的"方法库"

高效能人士都有着相似的特征，他们极度专注、总是精力旺盛、行动力超强、思维敏捷，正是因为他们打造了一个完善、全面、成熟的"个人方法库"，这个方法库让他们立于不败之地。也许你也想成功，但总觉得心有余而力不足，那是时候更新你的"个人方法库"了。

记得在上学期间，我的成绩有一阵子总是难以提升，因为那时我根本不知道什么所谓的方法，只知道埋头苦读。不过谢天谢地，我很快意识到了问题所在，很快转变学习方式，成绩逐渐有了质的提升。在后面的人生道路上，我一直在摸索高效的方法，采用了这本书中提到的多种方法，不断重新调整自己。我不仅在工作中总能保持业绩名列前茅，成为升职最快的那一个，更棒的是，在日常的考证，学习新技能、新语言甚至乐器方面，我还能非常快地掌握要领，获得好的结果，这让我在个人成长方面高速发展。

因此，这个"个人方法库"的质量，就直接决定了我们的行为和结果的质量。如果你有一套科学、多元的系统，就像游戏中你拥有的丰富装备，应对不同的场合和较量都有对应的武器。相反，如果你的"个人方法库"本身漏洞百出，靠着不成熟的经验拼凑而成，那么渴望有一个好结果就像期望天上掉馅饼一样。

总的来说，如果你能在"个人方法库"存储各种各样有用的方法，成为一个掌握着各种方法的大师，遇到问题 A，你就能拿出方法 A 解决，遇到问题 B，你又能拿出方法 B 处理，那还会有什么阻碍你的快速成长吗？答案是没有！你的思路永远是清晰的，你总能抓住事物的核心，你学什么都会又快又好。你将会所向披靡，你会发现世界变得无限广阔，各种机会的大门会向你敞开，这样的人生多棒啊！

为什么学习方法很重要

有些人在小学时成绩很好，但是一上了中学，成绩就上不去了，而且很难提升。这是因为小学时还不涉及多门学科、复杂的理论等。如果还像以前一样只知道拼时间、死记硬背，是不管用的。

还有些人，看到别人在某些领域做出了成绩就也想做，看到什么方向火了就蜂拥而上，这种盲目的从众，只会害了自己。别人的路未必适合你，只有找到自己的节奏和自己的优势所在，才能发掘自己人生的使命。

那么，当我们在学习时，通过什么样的方式去认识、理解和运用眼前的事物呢？这个方式就是学习方法。

学习的过程就是从输入到输出的过程，输入即接收信息，存储知识；输出，是对信息进行加工、分析和处理，并调取大脑中储存的知识。从输入到输出的过程中运用的方法将决定我们学习的质量、速度和结果。

✦ 学习方法的重要性

首先，在运动中的事物，哪怕在运动轨迹上做出一个微小的调整，都能造成结果巨大的改变。试想一架飞行中的飞机，哪怕偏离航线一点点，随着行进，这个偏离的角度都会越来越大，最终飞机到达的目的地也会与实际相差甚远。这就是所谓的"失之毫厘，谬以千里"。

我们每个人都是处在"运动状态"下的个体，每天要学习、工作、沟通、处理很多事物，如果你一开始选择了不正确、不合适的方法，就像这架偏离了航线的飞机，无论做什么都无法到达理想的目的地。例如，复习时盯着课本一遍遍地看是低效甚至无用的方法，即使投入了时间也收效甚微，但是如果换一种方法，将课本中的知识讲出来，对着同学像老师一样把知识点和对方讲一遍，你会发现自己对知识的理解不仅更深刻了，连学习的过程也充满了乐趣。

不过不必担心，本书讲到的方法会帮助你不断调整轨迹，校准航线，让你朝着目标全力出发。

其次，掌握了正确的、有益的学习方法，会让你的人生发展呈"指数级增长"。如果你手中有一张纸，你把手中的纸对折，对折后再对折，一直不停地对折，当对折到 50 次时，请问这张纸的厚度是多少？这个厚度将是极其惊人的。

运用了高效、科学的方法，会对人生产生多个维度的影响，一种方法不仅能运用到学习功课、掌握技能上，让你学什么都学得会；还能培养习惯，建立良好的生活方式；更能影响人生选择和决策，让人生一级一级地产生裂变式的突破。

"**授人以鱼，不如授人以渔。**"给你一条鱼，不如教给你捕鱼的方法，一条鱼只能解决一时的温饱，只有学会捕鱼的技能，才能做到永远都有鱼吃。

掌握技能比掌握知识更重要。知识是某种结果，是相关信息的集合，例如，我们可以"讲述知识""找到相关信息，对知识加以运用"。技能则是通过学习和经验获得的完成某项任务的能力，例如，"提高技能""通过学习知识而获得技能"。学会"学习"本身也是一项技能，这项技能也是后天可以改善的，掌握方法就是在不断优化这项技能。

例如，修车厂的技术工人，学习了汽车的维修知识，通过练习掌握了修车的技能，知道如何诊断、检查、维修等。是这项技能帮助其有能力完成某事，形成关于某项业务的操作系统。当然，知识和技能是相辅相成的。

最后，正确的方法可以提高人生的抗风险能力。运用合理的方法，不仅能让我们的人生更高效，还会为人生建立护城河，让我们坦然处理和应对出现的问题。

为了追求成功与快乐，你最该掌握的就是学习方法，并运用这些方法去管理和经营自己的人生。这正是本书在告诉你的事情。一旦真正学会了这些方法，你会发现以前走了很多没必要走的弯路，你会学得更聪明；你会花更少的时间，但效率却大大提高。

满分学习法概述

　　畅销书作家哈维·艾克说过："我是靠着学习取得成功的。"

　　本书将通过七种高效学习法，帮助你从认知形成的那一步开始改变，通过科学、高效的学习方法，重塑你的行为和习惯，让你由内向外地开始转变，如图 2-1 所示。

　　这七种学习法之间相辅相成，有着相通的部分，比如，第3章的费曼学习法、第4章的思维导图法和第7章的高效笔记法，都是一种主动思考、主动出击的行为；再比如，第8章的重复力不仅能用在学习技能、打磨技艺方面，对形成积极的信念同样有效；除了第5章中关于提升记忆力的技巧，在思维导图法和高效笔记法的章节，也提到了如何让记忆力倍增。

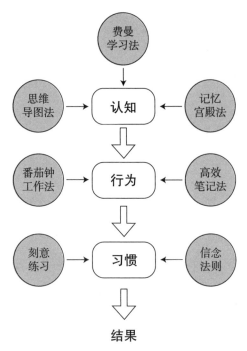

图 2-1　满分学习法改变认知、行为和习惯

✦ 改变认知，重塑思维

（1）满分学习法一：主动力——费曼学习法。

主动力就是积极主动采取措施，是高效能人士的必备要素之一。你是你人生唯一的负责人，积极主动的人拥有全世界。但很多时候，我们都在采取被动的方式，被动地学习，被动地工作，被动地应对生活中发生的一切。

我们认为的学习就是听讲、看书、做作业，但实验证明，这些都是被动低效的学习，输入信息的方式类似于填鸭式教育，而且学完了很容易忘记。

实验证明，讲给别人听是非常高效的一种学习方法，效果远远优于听课、看书等。这就是"费曼学习法"。当你像老师一样，把学到的知识讲给别人听时，你的学习效果会更好，你对知识的理解会更深刻，记忆会更持久。

费曼学习法的核心是"以教促学"，转换自己的角色，让你在学习中拥有主动力。主动力是一种态度，也是一种能力，只有学会积极主动地出击，才能让我们的人生立于不败之地。

（2）满分学习法二：思考力——思维导图法。

我们的大脑中有上亿个脑细胞，它们相互连接产生不同的思想、想法和灵感。大脑就像一个巨大的油田，蕴含着丰富的能量。但习惯性思维、思维定式、缺乏思考等却禁锢了大脑，让我们无法充分发挥它的潜能。

拿到一本书，你会立刻从第一个字开始读吗？遇到一项工作任务，你会先思考一下当前的形势再着手去做吗？

什么样的思维模式，可以帮助我们着眼全局，促进发散式思考？东尼·博赞发明的思维导图就是这样一种强有力的思维工具。思维导图通过视觉化的图像加文字的形式，形象并清晰地展示出各个主题之间的关系。

平时我们在看书学习时，如果一个内容一个内容地浏览，最后记在脑海中的知识只是一盘散沙。思维导图则充分调动了大脑两个半球的配合，用图形和文字相结合的形式，把知识点连成线，又将线连成面，建立起知识点之间清晰的网络。

当你读完一本书后，可以为整本书的内容做思维导图；当你复习完一门课程后，可以用思维导图梳理这个科目的知识框架；当你在汇报工作时，可以通过思维导图条理清晰地推进项目。

思维导图法改变了固有的思维习惯，充分挖掘大脑的记忆、理解、思考的潜力，帮助我们厘清思路，促进发散式思考，产生创意和灵感。

（3）满分学习法三：记忆力——记忆宫殿法。

你很少见到一个高效能人士丢三落四、想东忘西，相反，他们都有着超强的记忆力，或者至少在他们所研究的领域都能做到记忆非凡。研究也表明，真正区分卓越的大师和初学者的就是"长时记忆"，当对于某项技能、某个领域积累了足够多的长时记忆，我们就自然而然和别人拉开了差距。

本书的第 5 章内容将介绍记忆的原理，让你理解"好记性"背后的逻辑，以及一个能让你记住庞大信息的技巧——记忆宫殿法。

早在古罗马时期，人们就发现人似乎对位置有着敏锐的记忆。心理学研究发现，我们在认知事物时，也讲究先来后到，即顺序记忆。

于是，"记忆宫殿法"应运而生，这种方法"法"如其名，就是在大脑中建立一座"宫殿"，这个宫殿可以是任何你熟悉的场景，如你的家、你的房间等，然后把需要记忆的信息一一附着到这个场景中对应的物品上。

很多世界脑力大赛中的选手都用到了记忆宫殿法，它可以帮助我们扩大记忆的广度和深度，激发大脑思考的活力。

✦ 改变行为，加强自我管理

（4）满分学习法四：专注力——番茄钟工作法。

在谈起成功的秘诀时，那些亿万富翁、企业精英都会不约而同地提到一个词：专注。专注是指当你在做一件事时，将全部精力和思维都集中到这件事上，并能够长时间地集中注意力。

在专注的状态下，我们的生产力和效率是最高的。一旦进入这种心无旁骛的状态，每一分每一秒都被充分应用起来，你的大脑会集中在任务上，你的思维也会活跃地思考问题。这就是为什么同样都是坐在书桌前学习，有的人学一小时，相当于别人学了好几小时。

我们都想要全身心投入学习和工作中，但专注的状态可遇不可求，有什么人为的方法能让我们进入专注状态吗？

番茄钟工作法就可以，只是通过设置时间的提醒，就能让我们体会时间的紧迫感，帮助我们聚焦任务，进入深度学习和工作状态。

（5）满分学习法五：笔记力——高效笔记法。

每个成功人士都有记录，或者做笔记的习惯。爱迪生、达·芬奇……我们熟知的伟人、奥运冠军、亿万富翁，几乎都会随时做记录，他们的灵感就来自一页页的笔记。

今天在课上听到了一个重点，随意地将其写在课本上；明天有一个灵感一闪而过，试图在大脑里记住；后天遇到一个重要的生意伙伴，把他的电话号码随手记在便利贴上。

事后，这些信息再也不会被你拾起，现实就是，你既不会去看课本上胡乱写下的文字，也想不起那个一闪而过的灵感，在需要的时候也找不到那位生意伙伴的电话号码了。

　　准备笔记本，养成随时做笔记的习惯，是一种用最低成本改变人生的手段。往小里说，做笔记能帮助你提升记忆力，收集信息；往大里说，做笔记可以帮助你规划人生，改变思维，实现梦想。

　　那么，如何做出高效、有益的笔记？通过科学的笔记方法就可以实现。

✦ 改变习惯，获得成功

　　（6）满分学习法六：重复力——刻意练习。

　　如果我告诉你，成为"天才"是有公式的，你会去实践吗？

　　能够在一个领域、一个行业中成为出类拔萃的人，一般都是对该领域的技能练习时间最长的人。无论想成为音乐家、运动员、医生，还是想成为行业中卓越的大师，都需要花费数十年甚至更长的时间去练习相应的技能。

　　但是，如果一直用同一种方式打磨技能，即使耗费了很长时间，也不一定会进步。因为机械式地重复某事，并不会带来提升。我们需要有目的地练习，这就是刻意练习。刻意练习就是通过成熟的训练方法，最好通过导师的监督，设定具体的目标，由自己主动完成，适当挑战舒适区，自己在学习过程中还要时刻得到反馈，再根据反馈不断改进。

通过刻意练习，大脑会在训练的过程中形成有效、有数量、有质量的心理表征。正是这些心理表征，让我们在大脑中存储了关于练习的大量记忆，在应对各种场景时，都能够做出判断和行动。刻意练习，将大师和新手区分开来。

（7）满分学习法七：情绪力——信念法则。

每一天每一刻，我们都在产生情绪。情绪是我们对脑海里的想法产生的反应。你的精力有限，如果你花费了大量的精力处理自己的情绪，那必然无法把全部的精力都投入任务和真正对人生有益的事情上。

要想掌控情绪，就要改变信念，停止内耗。第9章将介绍情绪产生的原理，通过转变信念的方法，让你学会正视情绪、掌控情绪和转变情绪。

科学、高效的方法可以帮助你判断努力的方向是否正确，帮助你在正确的道路上走得更快更远。对学生来说，没有高效、科学的方法，就没有高效的学习；对社会人士来说，找不到合适的方法，埋头苦干可能也很难抵达梦想的彼岸。

总之，七种高效学习法，从认知方面，帮助你跳出舒适圈，摆脱那些死板无效的思维模式，转变你的输入、输出及加工信息的方式；为你建立系统的"学习方法论"，教你去学习"如何学习"。掌握了这一套系统的方法，以后你学什么都学得会，学什么都毫不费力。

第 3 章

主动力——用费曼学习法
掌握人生主动权

主动的人生 vs. 被动的人生

我们先来看表 3-1，表中有 A、B 两列，分别代表面对同一类事物的两种行为方式和心态。

请你在下方每一行的 A、B 两列选项中，选出那个更贴近你也就是你在日常生活中最常用的方式，并在最下方统计 A、B 两列你选择的数量各是多少。

表 3-1　面对同一类事物的两种行为方式和心态

序号	A	B
1	我渴望取得成功	我害怕遭遇失败
2	我想做一件事会立刻开始	我想做一件事会等准备好了再开始
3	遇到一件事，我会专注于如何解决	遇到一件事，我常常想可能遇到的困难
4	面对机会，我会主动去争取	我愿意等待一个合适的机会出现
5	我的时间非常宝贵，我不会花很多时间从事娱乐活动	我总有大把的悠闲时间，我经常刷短视频打发时间
6	我知道用方法和技巧的重要性，我会尝试探索新的方法	我觉得尝试和更换新的方法很麻烦

（续表）

序号	A	B
7	我总能记住重要信息	我经常丢三落四，说东忘西
8	我愿意面对挑战	我愿意保持现状
9	我相信一切皆有可能	我经常说：没可能的
10	我愿意尝试新的运动和爱好	我有一阵子没有运动或者没有从事兴趣爱好了
11	我会主动联系对我有帮助的人	我几乎不主动联系别人
12	遇到问题，我会找解决方法	遇到问题，我会归咎于别人或是外部环境
统计	A组：	B组：

现在，看看你的 A 选项更多，还是 B 选项更多？

我愿意称选择选项 A 多的人为主动的人，积极主动是高效能人士的一个重要特征，这类人要么已经成功了，要么已经走在成功的道路上了。而对于选择选项 B 多的人，我称其为被动的人，他们目前还是失意人士，我并没有说这类人是失败的，只是他们还没有成功，他们的人生远没有达到预期，他们也没有充分发挥出自己的潜力和天赋，因为他们总是待在原地，在被动地等待。

例如，第一道题目，关于你是渴望取得成功，还是害怕遭遇失败，大部分人都会说"我当然想成功了"，但是，你的内心深处可能并不这么想。比起想要成功，你内心对失败的恐惧也许更大。为了避免失败，你会下意识地逃避困难，让自己处于安全区。所以，这样的人大多数不会成功。

其实，惧怕失败的另一个侧面就是惧怕成功，例如，上课时，你会主动坐第一排吗？你愿意去争取万众瞩目聚光灯下的机会吗？你会主动去接触你欣赏的人吗？

被动的人给自己制造了一种假象：自己没得选，只能被动接受或等待。他们的口头禅总是：我也没办法、我没有选择。他们不知道，无论好的还是不好的，自己都有选择的余地。

多么可惜呀！你有那么大的实力和才能，但你选择不去用它！为了降低未知带来的不确定性、为了减少失败带来的挫败感，你选择躲在舒适区内，决定不踏出这个世界半步。

你要明白，人生从来就没有什么失败，什么是失败是由你自己定义的。如果一定要说什么是失败，只有不行动、不去做才是失败。你的能力远远超乎你的想象，让自己对成功的渴望大于对失败的恐惧吧！

 什么是主动力

主动力，是指不等待外力的推动而行动，愿意自主、自愿地争取机会，这类人的内在有一股力量推动他们行动，为自己制造更有利的局面。

相反，被动的人，需要受到外力的推动或者别人的影响才会去行动。比如，主动的人会去争取机会，创造条件实现目标；而被动的人，当机会像从天而降的苹果一样砸中了他们，他们不仅看不出这是一个机会，还会说："为什么我被砸中了，真倒霉！"

主动的人认为他们有能力解决一切问题，注意，是他们"认为"，他们到底有没有能力解决我们并不知道。而对于失意人士，他们"认为"问题很多很难，自己没有能力去解决。一切的区别在于你怎么看待自己，你觉得自己有能力、有实力去解决，你就会积极找办法，当你遇到问题时，你会想"有什么解决办法"。相反，当你觉得这件事太难，自己办不到的时候，你会找借口，你会抱怨，你会找一百个理由告诉自己和别人为

什么这件事办不成。最终，谁能办成这件事可想而知！

你也许会说："但是有些人实力更强，他们更容易成功呀！"

请看一个例子，某公司同时入职两位相同岗位的职员：小 A 和小 B。

小 A 的能力水平只有 30%，但他非常自信，相信自己有能力或者在将来自己一定会有能力。

小 B 的能力水平有 70%，远远超过小 A，但他非常自卑，总觉得自己还不够好，做不好工作。

在接下来的工作中，小 A 大胆地表达想法，争取工作机会；相反，小 B 因为害怕做不好，总是默默无闻地做手头上的事。小 A 由于接触到了更多的工作机会，得到了锻炼，提升了工作经验，他的能力水平从 30% 升到了 70%；而小 B 由于长期缺乏锻炼，总在自己熟悉的领域内工作，他的能力水平从 70% 降到了 30%。

能力是可以改变的，但你是愿意做一个主动出击、接受挑战的人，还是想做一个被动地、一直在等待的人，就看你自己的选择了。

费曼学习法就是一种主动的学习方法，可以让你转变自己的角色，变被动为主动。与其说是一种学习方法，它更像是一种思维方式。

一起走进费曼的世界

也许你听说过费曼，也许你没有听说过，心想"这个家伙是谁"。

没有听说过费曼不要紧，下面这些人你或多或少都听说过：

杨振宁、比尔·盖茨、纳瓦尔、乔布斯

这些人都是费曼的推崇者和拥护者，除此之外，还有很多成功人士都崇拜费曼。费曼被称为物理学界的"偶像"，被称为传奇式的人物。到底什么样的人有着如此的人格魅力和光环？

理查德·费曼是美国著名的物理学家。曾凭借量子力学方面的研究获得诺贝尔物理学奖。他的涉猎非常广泛，不光是物理学、数学理论，甚至还在哈佛大学开过生物学的讲座。

费曼有如此多的成就，想必你一定觉得他是个高智商的天才吧！其实，费曼并没有超群的智商，有研究表明，他的智力水平位于中等偏上一点，并不是生来就聪明绝顶。

是他的思维方式，他学习事物的方法，让他与众不同。他在成长和学习中形成了一套方法，这让他在多个领域取得成就，让他仿佛不费吹灰之力就能找到问题核心，这就是费曼学习法。

他是如何形成这套方法体系的？我们先来了解几个关于费曼的小故事。

✦ 父亲的教导

儿时的费曼，有一天在翻看百科全书时，书中讲到了恐龙，提到恐龙有 25 英尺 [1] 高，头有 6 英尺宽。这到底是多大呢？于是，他拿着书问爸爸。费曼的爸爸很形象地进行了解答，说道："如果恐龙来到咱们家门口，它的高度足以把头伸进三楼的窗户，但是它又伸不进来，因为它的头太宽了。"

这个形容很具象化地进行了类比，小朋友都知道自己的楼房有多高，也知道窗户有多大，用已知的事物，对照解释另一个未知的事物，小朋友就知道恐龙是怎样的一个庞然大物了。

费曼的爸爸对他的启发式教育，以及严谨的思维模式的培养，还能在下面的故事中体现出来。

费曼小时候，他的一个朋友拿着一张图片问他："你知道这种鸟叫什么名字吗？"费曼如实回答："不知道。"结果他的朋

---

[1]　1 英尺 = 0.3048 米，25 英尺为 7.62 米。

友取笑他，说他的爸爸什么都不教他。

但实际上，费曼的爸爸不仅跟他说过这种鸟的名字，还告诉了他这种鸟的名字用不同的语言怎么说。但在同时，费曼的爸爸还说"仅仅知道一个事物的名称，不代表了解这个事物，就像即使我们知道了用不同的语言怎么叫这种鸟，也不能说明我们真正了解它"。

所以，当费曼回复他的朋友时，他是在非常负责、严谨地表明自己对这个知识的内在理解程度。

✦ 同学眼中的"小老师"

费曼上学的时候，有些同学会拿着不懂的题问他，他也非常乐意为同学们解答。他发现每当给同学讲完了一道题，自己理解得就更深刻了，记得更牢固了。

而且在讲题的过程中，当他遇到不会的或是自己没学明白的地方时，他就会花时间把这些不会的地方逐一攻破，然后又能更好地给同学们讲解。在这个过程中，他的学习越来越好了。渐渐的，费曼成了同学眼中名副其实的学霸。

✦ 十万个为什么

有一部关于费曼的纪录片《想象的乐趣》，是费曼在 65 岁时接受的采访，面对记者提出的问题，他的回答诙谐幽默，字字珠玑，在看似生活化的解释中蕴含着丰富的道理，让我们看看科学家是如何思考问题、解释事物本质的。

> 记者：如果你有两个磁铁，当你让它们靠近时，你能感觉到它们互相排斥，这两个磁铁之间的这种感觉是什么？
>
> 费曼：你说的两个磁铁的"感觉"是什么意思？
>
> 记者：这两者之间有某种联系，不是吗？
>
> 费曼：请听清我的问题，当你提到有种"感觉"，这是什么意思？
>
> 记者：我想知道这两个磁铁之间发生了什么？
>
> 费曼：磁铁之间相互排斥。
>
> 记者：那这是什么意思，为什么会这样？这是如何做到的？
>
> 费曼：这是个很好的问题，但是你问的方式有待斟酌。
>
> 接下来，费曼给出了一个精彩的长篇回答。
>
> 你问的是这件事为什么会发生。

一个人该如何回答"这件事为什么会发生"呢？

例如，米妮阿姨进医院了。为什么？因为她摔倒了，她出门时在冰面上滑倒了。

这样的回答足以让人们理解。

但是，这样的答案对外星人来说就远远不够了。

首先，外星人需要明白，为什么摔倒了要去医院。

还有，摔倒了之后是怎么去医院的？

如果你告诉外星人，因为米妮阿姨的丈夫看到她摔倒了，打电话叫医院的人把她带过去的。

这些都是人们普遍都明白的事情（但是外星人不明白）。

当让你来解释"为什么"时，对方必须已经在某种框架下，才能理解一些事情是真实的。

否则对方会不停地问为什么，你需要不停地回答。

比如，对方继续问："为什么在冰面上会滑倒？"——你回答："因为冰很滑。"

"为什么冰很滑？"——"因为当你站在冰面上时，产生的压力会立刻导致冰面少许融化，所以冰的表面瞬间产生了水分，导致你踩在冰面上会滑动。"

"为什么打滑了就会摔倒呢？"——"因为引力。"

我虽然没有回答你的问题，但我想告诉你这种"为什么"的问题为何难以回答。

因为回答的人需要知道对方能理解的是什么，以及不能理解的是什么。

再回到你的问题：为什么两个磁铁会相互排斥。

这个问题有很多不同等级的回答，取决于你是物理系的学生，还是什么都不懂的人。

如果是一个对物理什么都不懂的人，答案是磁力使两个磁铁相互排斥。你首先需要把磁力作为世界上各种基本作用力的一种。

接下来，费曼非常形象地揭示了磁力、电场力、压力等作用力，并将这些不同的作用力做了对比，并提到有些关于力的关系目前还不明确。

最后，费曼又说道："我不能用任何一个你熟悉的东西来解释这种现象。所以，我无法告诉你为什么磁铁相互排斥，只能告诉你确实有这种现象。"

其实，一开始当费曼让记者解释他想了解什么感觉时，费曼已经回答了问题，即两个磁铁相互排斥。

后面他的解释也说明了他可以从不同的层面、不同的深度对这个问题进行解答，并由浅入深地向记者解释一个问题如何从表面深入到事物本质。但前提是他需要知道对方能理解到哪个层次。

所以为什么当对方问出一个问题，他无法用三两句话解释清楚，因为每个问题背后会牵扯出更深层次的知识和信息，越深入越会触及最基础的实质、最本质的知识，不是能简单说明白的。大部分人没有相关知识背景，无法理解更深层次的原因。就如同向一个外星人解释为什么人摔倒了要去医院！当然，仁者见仁、智者见智，在费曼的解答中，你读出了什么？

什么是费曼学习法

费曼说过一句话："如果你没办法把一个知识给一位大一新生讲明白，说明你并没有真正理解这个知识点。"

你如何给一位什么都不懂的人讲明白一个知识点，就能说明你是否学会了这个知识。更甚，如同前文费曼的采访，如果对方是一个外星人，你要怎么讲才能让对方明白呢？

满分学习法之一：费曼学习法

把你学到的知识讲给别人听，如果你能讲明白，就说明你真正掌握了这个知识，如果讲不明白，就说明你还没有学会它。

费曼学习法的核心就是"以教促学"，把一个人从被动接受知识的角色，转换成主动教授、传播知识的角色，这是一种主动学习的方式。以前，你是学生，从课堂上听取知识，或者从课本上阅读内容。现在，你是老师，你要把这个知识讲给别人并让对方听明白。

爱因斯坦也说过类似的话："一件事，如果你不能简单地解释清楚，说明你并没有完全理解它。"

✦ 什么是主动学习

曾有教育研究者罗列了几种学习方法，包括听课、阅读、视听、演示、讨论、实践和教授他人七种，并对这七种学习方法的效果进行了对照，找到一些学生，让他们分别运用不同的方法学习同样的内容，两周后，观察哪种方法能让学生记住的知识更多，或者说遗忘的更少。

请根据你的理解，大胆猜测表 3-2 中哪种学习方法效果最好，并将这七种方法对于学习知识的帮助由少到多，依次排列到右边的空格中。

表 3-2　七种学习方法的效果

听课	1：
阅读	2：
视听	3：

（续表）

演示	4:
讨论	5:
实践	6:
教授他人	7:

接下来，我们要介绍"学习金字塔"，这个金字塔根据上述的实验结果，列举了这七种学习方法的成效。

实验者根据知识留存率对这七种学习方法进行了排序。知识留存率是指学习完一项内容后，过了一段时间，如两周后，学习者还记得多少内容。从金字塔的塔尖到底部，分别代表着学习方法带来的知识留存率从低到高，简言之，越靠下的方法，能记住越多的知识，如图 3-1 所示。

图 3-1　学习金字塔

第一，听课。位于塔尖的方法是我们平时最常用的方法，就是在课堂上听讲。实验表明，这种方法是效果最差的。学过的内容，经过两周后仅仅记得 5%。

第二，阅读。阅读是指通过看书的方式学习，其两周后的知识留存率为 10%。

第三，视听。视听即通过声音和图像结合的方式学习，如上网课。这种方法在两周后的知识留存率为 20%。

第四，演示。演示即学完之后，进行示范和展示，其两周后的知识留存率为 30%。

第五，讨论。与他人交流知识，如课堂上的小组讨论，或者在课后的小组作业中进行交流，其两周后的知识留存率为 50%。

第六，实践。通过实践演练，到实际场景中进行应用，使学习者在两周后还可以记住 70% 的知识。

第七，教授他人。把知识教给他人，这是最有效的学习方法，给别人讲明白了，自己学得也更清楚、更深刻了。这种方法能让人在两周后还记得 90% 的知识。

我们平时最常用的学习方法，并不是最高效的学习方法。传统意义上的听课只能保留 10% 的知识。而给别人讲课，保存的知识竟高达 90%！这种方法就是费曼学习法。

为什么不同的方法之间差异如此之大？

我们可以进一步拆分金字塔，将其分为被动学习和主动学习。

被动学习

听课和阅读是被动的学习方法，即学生作为一个个体，被动地接受老师和课本上已成体系的内容，学生不需要思考知识背后的原因及逻辑，只需要吸收现成的内容，有种不得不接受的感觉。

主动学习

主动学习则正好相反，学生会自发地去学习，会主动思考知识背后的原因，自己探索知识间的联系。比如，教授别人时，为了让对方听明白，我们会主动思考如何讲解，调动自己的知识储备，去理解、去深化这个知识点。

记得我在读研期间，有一门学科的考试涉及非常多的阅读材料，不仅包含课本、PPT、课外阅读材料，还包含教授本人写的相关图书。我和几位同学都非常头疼，要怎样才能在考前看完这么多材料？

　　由于考试形式全部为问答题，即给出一个问题，回答要涉及几百字的知识内容。于是，我们想了一个办法，就是根据考试重点总结出所有可能出的考试题目，然后对题目进行分配，每个人负责整理一部分题目的答案，大家不定期地分享整理的题目。这样，我们就不需要每个人都把所有材料翻看一遍，充分发挥了群众的力量，节约了不少时间。

　　接下来，我们定期举行小组会面，见面时，大家围坐在一起，每个人要把自己负责的那些题目给大家讲清楚。在讲题的过程中，我发现自己对知识的理解更全面了，而且更有深究的动力，因为想到要给其他人讲明白，所以会不断地思考要怎么说别人才能听明白，按照什么顺序讲出来使别人更容易听懂。以前遇到不太明白的地方，很容易糊弄过去，但现在会想到如果同学问到这里，我肯定讲不明白，于是就会抓紧去弄明白。

　　这个给小组成员讲题的过程，让我们学得更投入，更有乐趣，学习不再是为了应付考试，而是变成了传授知识。

　　最后大家的考试成绩都非常优异。

　　除此之外，还有输入和输出的区别。

输入

听课和看书都是输入的方式。输入是指将外界的知识和信息输入大脑。

输出

将知识和信息进行整合，在大脑中进行加工处理后变成了自己的内容，然后再汇总输出。

给别人讲课就是一种输出的方式。输出和输入的一个最大差别，就是对知识的加工和处理。仅输入往往会忽略这一步，如在课堂上，老师把汇总成体系的知识一一罗列讲出来，学生只需要把这些印到脑海里，并不会主动建立知识体系。

为什么有人说上完课，学生比老师还累，这大概就是原因之一了。老师在课堂上，是在主动地输出，对学生来说，就像被人拿着一堆东西硬塞进脑子里，如果内心再加上一点不情愿，这个输入就着实痛苦了。

为什么你整天忙忙碌碌、辛辛苦苦，却不见有什么成就，提升也总是如蜗牛般缓慢？因为这些"忙碌"，只是在应付每天的事情。面对堆积如山的作业，火急火燎的工作要求，我们每天只是在被动地接受，来了任务 A，就赶忙去处理 A，做完了一项，又来了任务 B，又赶忙去做 B……

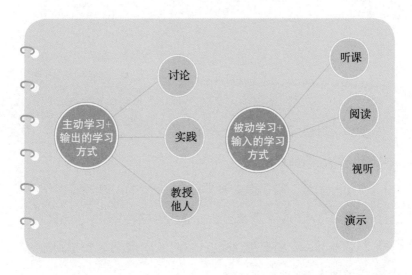

　　我们从未用对方法，从未主动去掌控。就像，"我每天忙着搞学习，哪有时间学习啊！"这两个学习有着完全不同的含义，第一个学习是指完成作业、上课等，第二个学习是知道如何去学习。第二个学习才是真正的学习，如研究适合自己的学习方法，回顾本周学习任务并发现疑问点，制订学习计划，弥补弱势学科，等等。

费曼学习法的四个步骤

费曼学习法可总结为四个步骤。

第一步，明确目标。

拿出一张纸，写下你要学习的内容和目标。然后根据学习材料去理解这项内容，想象自己一会儿要将这个知识讲给别人，你应该讲些什么？需要包含哪些内容？组织语言，把想到的内容一一罗列出来。

第二步，教授他人。

将刚才准备的学习内容讲给另一个人听，像老师一样传授知识，这一步就是费曼学习法的重点，可以检测你是否真的掌握了这个知识。如果你能讲明白，说明你学会了；如果讲不明白，就说明你没有学会。

讲的时候，要尝试用简单的语言，不能用复杂的专业理论和概念去解释，想象对方是一个对这方面完全不懂的人，比如，对于8岁的孩子或者80岁的老人，这时，你该如何进行讲解？

而且，不能用一个专业名词去解释另一个专业名词。

比如，费曼在讲课时，总能通过浅显易懂的授课方式，让学生们理解知识原理，深受学生们的喜爱。由于物理这门学科的精确性，大部分的理论派物理学家都倾向于用细致、精准的数据和计算来呈现研究结果，费曼却与众不同，他很少使用长篇大论的分析，而是轻松、简单地讲解他的发现，让人更容易明白。

讲的时候也可以运用类比的方法，用对方知识体系中已经了解的内容进行对照，比如，前文中，费曼的爸爸用楼房的高度对比恐龙的高度。

这一步如果你找不到合适的对象，也可以想象对面坐着一个完全不懂的人（如外星人），然后对着他开始讲解。

第三步，回顾、查漏补缺。

在讲解的过程中，难免会遇到卡壳、讲不明白的地方，或者难以将知识形成体系。恭喜你，你发现了学习成长中的突破点！这才是真正学习的开始，很多人只知道一味地看书和复习，却不知道自己的学习边界在哪里，导致了会的还是会，不会的还是不会。

找到自己知识体系中的漏洞，继续学习，查漏补缺。可以回归到学习材料中，也可以问朋友。这是攻克学习重点和难点，提升成绩的一个关键。很多人在学习过程中容易笼统地学习知识点，囫囵吞枣，造成知识半径有限并难以延伸，最后的结果就是成绩没有进步。认识到自己知识的空白点，把空白填满，把错误改正，无论你的成绩还是人生，都会有所提高。

所以"教授"这一环节非常重要，因为只有在讲授的过程中，才能检验出你是否真的掌握了，而不是形成一种"以为自己学会了"的错觉。

第四步，简化。

经过上述步骤的学习、回顾，你现在对这个知识已经有了一套完整的理解。接下来，试着用更简练的语言来描述这个知识，将它融入你已有的知识体系中。

以教促学，角色转化

费曼学习法之所以如此受欢迎，正是由于这个核心原理：以教促学，角色转化。通过教授他人来促进学习，颠覆了传统的学习理念，让学生从被动接受知识的角色转换成主动传授知识的角色，从而调动学习的积极性。

如果你也有过这样的经历：

明明平时学习很努力，成绩却始终处于中游；

明明做练习题时还可以，一到考试就"歇菜"；

明明花很多时间背书，合上课本就想不起来。

那么，你可能陷入了"假性学习"。

假性学习是指表面上看上去很努力很认真地学习，但由于错误的学习方法和习惯，导致学习效率低下。很多人只知道埋头苦干，不知道自己实际上是爬到树上找鱼，跑到井中取火，方向和方法不对，很难达到目的。

以下是几种常见的学习误区。

（1）以为看过就是学会了，以为写过就是记住了。很多学生认为的学习和复习，就是打开课本看，顺便拿出笔记本做做笔记，看似很认真，但只是过了一遍文字，流于表面，没有真正理解和掌握。

（2）坚持以前错误的知识。在学习前，大脑对知识有一定的了解，产生了固定思维，但其认识往往是不全面或是不正确的。

（3）机械学习。很多学生在学习过程中只知道模块化的解决方式，如固定的解题步骤和模式，不懂得灵活变通，一旦变换一种形式，就不会用了。

（4）不复习。平时学过的知识，再也不看不复习，只等考试前才复习。

✦ **通过费曼学习法打破学习误区**

（1）自主学习。

你如何定义你自己？有句话说：你认为你是什么样的人，你就是什么样的人。当你认为自己是一个积极主动的人，你就会表现得主动，当你认为自己是一个胆小怕事的人，你就会处处退缩。

从现在开始，重新定义自己。写下你心中"理想的自己"

是什么样的，有什么特征，有什么样的行为，遇到事情会如何解决，然后开始模仿这个"理想的你"。

在学校试着给同学讲一道题，回到家试着给家人讲讲今天在学校学习到的内容。人生的主动权从来都在你的手中，你需要做的只是迈出那一步。

（2）发现漏洞，及时更正。

讲解的过程可以检验出你是否真的学会了。知道哪些学会了，哪些还没有学会，找到自己的知识边界，正是这些边界决定了我们的成绩上限。

有时候你会误以为自己学会了、学懂了，但只有需要你讲出来的时候，你才会发现自己的遗漏点及没有真正理解的地方，而这些地方恰恰是你需要突破的点和提升的地方。

整理错题本也是一种好方法。对于错题，如果你不搞懂为什么错，只是浏览一下答案，下次大概率还是会错。每一道错题都是宝藏，背后揭示了你的知识漏洞和思维上的刻板印象，当你把所有的错误都纠正了，成功还远吗？

（3）深度思考。

当你要教授一个知识或者准备一堂课时，你不但要了解这一个知识，还要思考每个名词背后的意义，从一个知识点牵扯出其他关联知识。你会在脑海中梳理内容，建立起更完善的知识框架和体系。这也是为什么用费曼学习法，会让知识记住的时间更长。

（4）定期复盘。

学习完后要定期复习，这也是检验学会与否及加强记忆的方法。学过的内容会随着时间的推移逐渐淡忘，如果你等考试前才复习，那又要重新学一遍，费时又费力。在学完知识的当天你就要温故知新，再根据学习周期每周或每月开展复习，不断循环。

实操：用费曼学习法快速吸收知识

不管哪种学习方法，只有能用起来才真正有效。

让我们快速开启费曼学习法之旅。

✦ 快速掌握知识

在九宫格的中间写出你有待提升的科目，然后在每个空白的格子里写上一个对应的知识点。如图 3-2 所示，假设数学是你的弱势学科，围绕着数学，把某一章的知识点依次罗列在周围的格子里。

然后请制订计划，按照每天或者每几天的节奏，将上述一个格子里的内容学明白，然后讲给身边的人听，可以给同学讲，也可以给家长讲。

总之，写到格子里的知识点，要按照计划教给别人，每完成一个就进行下一个。在讲的过程中，你要确保对方能听明白，如果讲的时候卡壳了，或者对方听不明白，就要再回归到课本或材料中进一步学习。

（1）一元二次方程	（2）几何图形	（3）指数函数
（4）二次函数的零点	数学	（5）幂函数
……	……	……

图 3-2　弱势学科九宫格

✦ 提升弱势学科

同理，你也可以在九宫格中列出需要提升的相关知识或错题，例如，语文没学会的知识、英语没学会的知识，如图 3-3 所示。这个九宫格可以每月写一次，对当月学过的内容进行梳理。

这种方法可以帮助你找到知识盲区，避免在学习的过程中出现对知识模棱两可的情况。检测的标准就是，能给别人讲明白即是学会了，反之亦然。

××文言文理解	成语释义	××题目
……	有待提升的语文知识	……
……	……	……

图 3-3　相关知识九宫格

第 4 章

思考力——用思维导图法
重塑认知模式

思维定式的危害

20 世纪 30 年代，随着英国、法国对德国的宣战，第二次世界大战全面爆发。在这期间，英、法等同盟国希望飞机能更加坚固，抵抗住敌国的猛烈炮火，减少自身战斗机和飞行人员的损伤。

于是，他们找来统计学家亚伯拉罕·瓦尔德，让他找出战机中最容易被子弹击中的地方，并在这个位置加固装甲，从而在不增加太多重量的情况下起到防御的作用。

在空军提供的大量返航战斗机的数据中，瓦尔德逐一统计了每架战机被子弹击中的位置。如图 4-1 所示，黑色点的位置即被子弹击中的地方，空白的地方即没有找到弹孔的地方。根据数量统计，被子弹击中较多的部位是机翼和机身，击中较少的地方是引擎和座舱。

答案似乎一目了然，决策者们一致认为机身最为脆弱，应该在这个部位加固装甲。

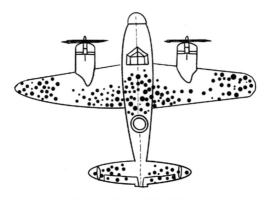

图 4-1　战机中弹位置统计

然而，瓦尔德却给出了相反的结论，弹孔之所以集中在机翼和机身，是因为他们统计的都是能够成功返航的飞机，说明飞机在这些部位中弹后，不会构成太大的危险，仍能安全返回。

相反，引擎和座舱找到的弹孔较少，是因为在这些部位中弹的飞机大部分都未能返航。说明一旦飞机的引擎和座舱中弹，成功返航的可能性将非常低。因此，最应该加固装甲的部位是引擎和座舱。

这就是著名的"幸存者偏差"理论，飞回来的战机都是"幸存者"，未能返航的飞机是无法幸存下来的，未出现在他们的视野和考虑范围内。

按照我们的经验，应该在被子弹击中最多的地方加固装甲，然而，我们忽略了一个因素，没有考虑到一部分飞机没有返航

（被击落）。因为我们先在脑海中设定了一个假设：回来的飞机就是全部飞机，我们只需要研究回来的飞机即可。这个假设就是不合理的。

这就是一个思考的盲点，这种惯性思维就是思维定式的一种。

"思维定式"是指我们按照经验、习惯形成了一套固定的感知、思考事物的方式，这套模式进一步帮助我们分析、解决和应对事物，产生行为结果。

我们把这类思维定式比作计算机程序，而你的大脑就是计算机。在计算机中输入一个程序，就会得出一个结果，如果这个程序不改变，结果就不会发生改变。如果这个程序从一开始就是不全面甚至不正确的，那么输出的结果也是不正确的。就像在计算机中输入一组错误的公式来计算数值，那么无论算多少遍，结果都是错的。

例如，让你观看两张照片，第一张照片上的人物长相英俊、衣冠楚楚，另一张照片上的人长相丑陋、衣冠不整，我们更倾向于认为第一张照片上的人品行端正，另一张照片上的人不像好人。我们以为自己认识到了事物的本质，看到的、想到的是正确的，但这都是站在我们个人的角度上，基于某种思维模式产出的结果。

为什么人生难以突破

我们在成长过程中收集的知识和经验，给我们的大脑设定了一套固定的程序，这些程序就像一个无形的框，把我们框在了里面。所以，人生有时候就像在兜圈子，一个大循环套一个小循环，回望人生过去的岁月，似乎总做出相同的决定，在相同的地方栽跟头，工作换来换去万变不离其宗。

那么，为什么人生一直在重复着相似的路径呢？因为这条路径就是你熟悉的路径。同样的思维模式和认知方式，不可能产出两种不同的人生。

想要突破人生的困境，就要改变这套根深蒂固的观念和思维模式，改变大脑中这套旧的"编程系统"。

很多时候，一个人有多大建树，能有多少成就，和他的努力、能力、奋斗关系不大，有些观念不改变，再努力也没用。我们往往意识不到自己正在采用这套错误的程序，理所当然地认为这么做就是对的。要想改变这些旧的观念、思维，不付出100%甚至200%的努力，几乎无法撼动它们。

　　不过，好在办法还是有的，大脑要比计算机强百倍、千倍、万倍。人的思维潜力是无限的，你的大脑力量是无穷尽的，远远超乎你的想象。据说天才如爱因斯坦，大脑也只开发了13%，普通人的大脑一般开发不到10%，剩下的部位都处于休眠状态。虽然这样的论调不一定严谨，但我想说的是，这些限制性的思维模式，恰恰说明了你的潜力所在，你一直在使用这些不科学的程序都能取得现在的成就，如果你了解了大脑的工作原理，重新启动系统和程序，你的人生得有多精彩啊！

　　思维导图就是一种开发大脑潜能的工具。被人称为启动脑力的"瑞士军刀"，打开大脑潜力的"金钥匙"。思维导图的由来正是东尼·博赞在日常工作和学习中，发现自己的脑力远远没有发挥出来，于是他发明了这个全新的开发思维的方法。

思维导图是什么

思维导图是由东尼·博赞发明的一种释放大脑潜能的工具，思维导图不只是一个技巧，它已经逐渐演变成了一种文化现象，在世界范围内迅速风靡起来。通过这个理念诞生的图书、研究、软件和效率工具等应有尽有。这个方法甚至帮助波音飞机公司的某部门将工作效率提升了 400%。

满分学习法之二：思维导图法

思维导图法，就是将思维用图的形式表现出来，以某个主题为中心做发散式思考，并对这个主题下的各个环节展开思考，可以想象为将大脑中的思维过程打印了出来。

思维导图有助于提升记忆力、增强创造性思维和发散思维。

比如，当你咬了一口苹果，也许你会说好吃，但你的大脑会从各个维度进行感知，苹果是甜的、红色的果皮、光滑的表面、从哪里买的……这些信息都是瞬间得出的，并且和大脑内的其他信息产生关联。你的大脑是一个庞大的数据库，思维导图就是一种可以帮助你存储和调取信息的工具。

✦ 思维导图的三个组成部分

（1）中心图：主题和主要内容，即你要整理的是什么。

（2）分支：从中心图向四周发散的内容分支。自中心图发出的可以称为一级主题，作为几项主要内容，从一级主题可以再进行分支作为二级主题，依次向下进行延伸。

（3）关键词和关键图：填充到分支上的具体内容。

思维导图即一张可视化图片，唯一固定的形式就是从中心图发出各个分支，并在分支上填充内容。具体的形式和形状，完全可以根据个人的偏好和内容本身进行绘制，可以运用各种颜色、图像、符号等。

我们通过一个练习来更好地了解思维导图。

提到苹果，你会想到什么？请至少写出五个词。

如图 4-2 所示，图中间的苹果就是中心图，向四周发散的枝丫就是分支，分支尾部的文字就是关键词。

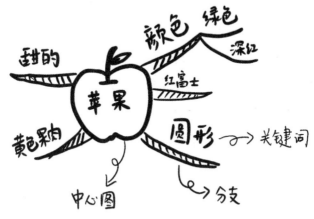

图 4-2　思维导图的三个组成部分

思维导图的使用窍门及作用

✦ 关键词的使用

关键词就是在这个分支下能联想到的任何内容。当你写下第一个词后，你会发现脑海中蹦出了更多关键词，这是在线性思考下很难产生的。关键词就像摸到了一个线索，让信息和信息之间产生连接，然后你可以顺藤摸瓜，找到更多的内容。

这就是发散式思考的魅力。围绕一项内容，我们可以通过联想产生成千上万的想法，发散出的想法又可以联想出更多次级想法，而且你产生的想法都是独特的，非你莫属。

所以思维导图是产生创造力的源泉，它能建立大脑的连接，挖掘更深更广的信息。

✦ 图像的使用

正如东尼·博赞所说：一图值千字。

再回到"苹果"一词，当听到这个词时，你的脑海里浮现的是一个苹果的影像，还是"苹果"这两个字的文字？我相信在你的脑海中出现的一定是一个图像，而且会非常具体，如红色的、大小适中的、表面光滑、带有叶子，如图 4-3 所示。

一个苹果	
图像	**文字** 红色的、大小适中的、 表面光滑、带有叶子

图 4-3　图像的使用

在看图时，你会看到事物的形状、大小、颜色、图形、线条等，而且这都是瞬间完成的，人脑对图像有一种本能的识别能力，图像会调动大脑很多功能和区域。

应用思维导图法，当你需要用文字或者一段话形容某一事物时，不妨把它画出来。如果一个苹果是红色的、大小适中的、表面光滑、带有叶子，画出来会比文字更形象，并且会在你的记忆中留下更深刻的印象。

关于绘画，不用担心画得不好，不需要你画得多么专业，多么完善，一切为了促进你的思考服务。拿出笔，大胆尝试吧！

✦ 图像和关键词的结合

在思维导图法中，我们要综合运用关键词和图像，充分结合文字、颜色、线条、形状、空间、数字的效应，发挥大脑的联想功能。

如图 4-4 所示，你可以无限地联想一个苹果可能涉及的所有信息。

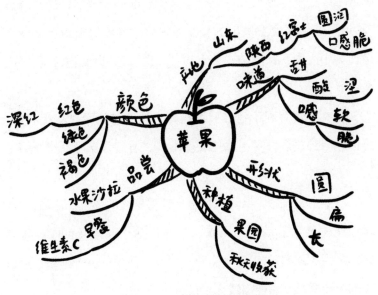

图 4-4　一个苹果的思维导图

分支

从中心图中发出的枝丫就是分支，分支又可以分为主分支，类似于大纲的主线、主要概念，接下来，继续延伸就形成了次级分支，并且还可以无尽地进行延伸。

所以在绘制思维导图时，你需要了解各个层级之间的关系，如关于苹果的味道，"味道"就是苹果这个主题下的一个主分支，味道继续往下延伸，又可以分为甜的、酸的、涩的，这些就是"味道"这个维度发散出的分支。因此，可以清晰地看出，苹果作为中心图，往下的主分支为"味道"，味道又包含了"甜、酸、涩"。

分支非常有利于建立层级结构，让信息从无序变得有序，将信息间的关系一目了然地展现出来。通过分支可以建立第一层、第二层、第三层及更多层级的概念。

一个主要概念，又可以衍生出许多层级的词汇。比如，"产地"这一概念下衍生出山东、陕西；基于产地又可以联想到"红富士""圆润""口感脆"等。看看，简单的一个苹果，通过思维导图竟可以延伸出这么多信息！

✦ **思维导图的作用**

（1）促进发散式思考。线性思维，是自起点到终点的一条线的思考方式，虽然非常直接，但也是单调、片面的，会让我们的想法戛然而止，停在某一处。而思维导图法，正好与线性思维相反，让思维从一个主题向四周发散，让想法和想法之间产生关联，建立概念之间的层级关系，促进创造力和记忆力。

（2）建立联系。将零散的想法建立联系，培养逻辑思考能力，把有关联的想法和观点结合起来，碰撞出新的火花，从而得到更深刻、更全面的分析和结论。

（3）强调重点。通过中心图进行发散和分层次的技巧，有助于分清主次，归纳总结，让重要信息从众多烦琐的信息中脱颖而出，帮助我们快速抓住重点，同时也有利于提升记忆力。

（4）创新思维。思维导图能极大地激发联想，充分调动大脑全部的模块和功能，产生灵感。

如何画出思维导图

✦ 几个原则

（1）关于中心图，请尽量用图像画出，这样会更加醒目、更加突出主题。当你拿到一页纸，一眼看到中间的图像时，就能快速清晰地回忆出这张思维导图讲的是什么主题。

如图 4-5 所示，在介绍一本书时，左图用文字作为中心，右图则画出了一本实实在在的书。当看到左图时，你可能不会立刻反应出这是关于一本书的思维导图，但在看到右图的一瞬间便十分明了。

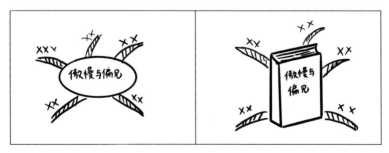

图 4-5　用图像展示主题

如果实在需要用文字展现，也可以用醒目的颜色、立体字写法让这个中心主题更加突出。

（2）图像大于文字。思维导图中的其他内容也要优先考虑运用图像。

使用图像好处很多，一个好处是当你在画图时，你会更多地思考该怎么下笔，这有助于调动大脑更多的功能，帮助你在大脑中构造出更多关于这个知识的细节。

另一个好处是当你再拿出思维导图时，图像有助于你回忆出更多的内容，一看到某个图像、颜色、形状，你就能瞬间调动出在画图时产生的感觉，回忆起这个感觉带来的具体信息。

（3）丰富的内容。把自己当成一位艺术家，这张白纸就是你的画布，思维导图就是你的艺术大作！大胆地去使用颜色、线条、图案和形状，让你的思维导图生动起来。

（4）清晰的层级关系，有助于分清主次内容。因此，在画分支时，你可以根据层级的高低，用不同的粗细线条表现出来。例如，由中心图延伸出的第一层分支可以适当加粗，再往下的分支逐渐变细，如图 4-6 所示。

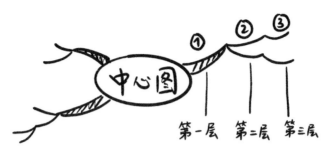

图 4-6 思维导图的层级关系

（5）突出重点。你可以通过加粗、深的颜色和着重符号突出重点内容，确保后期再看时能一眼看到重点。

✦ 几个技巧

（1）纸张：使用白色纸张，下笔前先思考思维导图的信息容量，选择大小适当的纸张。最好横向使用，会有更大的发挥空间。

（2）充分运用各种颜色。颜色有助于突出重点和加强回忆。可以专门用一种颜色代表一类事物，如红色标记核心理论，绿色表示例子。

（3）利用编号、代码和符号加强信息间的关联。可以用数字、字母或符号作为编号，梳理信息点。同时，用星星、圆圈、三角、对钩、叉等符号，进一步区分信息的层级关系和重要程度。试想一下，当你回顾这张思维导图时，希望看到重点内容是怎样被标注的，信息间的关系是怎样被展示的，就大胆地去创作吧！

（4）线条保持横向，便于阅读。画出的分支尽量保持水平，在分支上的文字也尽量横向，这样便于阅读。如果拿到一张思维导图，文字有横向的、有竖向的，这会增加阅读难度。所以，请尽量使文字在一条水平线上。

（5）留出空隙。在思维导图的信息与信息间一定要留出空隙，确保层次分明，每条内容都是清晰可见的。保持间隔也能使思维导图井然有序，方便后期回顾。

✦ 思维导图的误区

（1）有些图式看起来像思维导图，但并不是真正的思维导图。例如，组织架构图、流程图、概念图等，都不是思维导图。因为这些图中的架构都是单一的，信息之间的关系要么不明确，要么没有关联。

（2）单个信息太长。一个层级内包含太多词组，会截断发散思维。

例如，一个层级写到"一个非常不开心的下午"，这就是一个过长的句子，以为信息充足，却恰恰起到了反作用，没有更多的空间产生联想。

应该分成不同层级：

①"下午"；②"不开心"；③"非常"。

又可以继续延伸：①"下午几点钟——2点"；②"为什么不开心——××消息"；③"为什么非常严重——××情况"等。

（3）杂乱无章也有意义。如果你画出了一张看上去乱七八糟的思维导图，请不要自责也不要气馁。这张图反映了你的思维过程，有助于反思自己对于这一堂课、这一章节内容的理解程度，说明你对这部分知识还不清晰，混乱也代表着突破点，想想自己哪里没学会，然后重新理解和组织内容。

用思维导图高效学习

✦ 用思维导图复习

你有没有发现思维导图的一个特别之处，那就是它只有一页纸！无论用思维导图整理一个章节还是一本书的内容，都只需要一页纸。这会让复习变得更容易，大大提升学习效率。

在复习时，你可以边学习边绘制思维导图，也可以在复习完某一部分（小节、章）的内容后，集中绘制这部分知识的思维导图。不过我个人更喜欢后者，在看完一部分内容后再进行绘制，这会让你在心中对知识的范围、数量有一个预估。

（1）纸张：针对某一学科的复习，A4 或 B5 大小的纸张都较为合适，建议横向使用。

（2）在浏览和学习后，或者在学习过程中绘制思维导图。

（3）中心图和主要分支：针对一个主题，在纸张中心画出中心图。如果是针对某一章的内容，四散的主要分支可来自书中每个小节的标题，关键词即为小节涉及的关键知识点。

（4）分层及次级分支：接下来，从小节名称继续往下画第二层分支，内容来自小节中的大标题、小标题，然后继续延伸至第三层分支，写出更细节的知识点。文字要尽量简洁，囊括重点。记得用图像会更有助于记忆哦！

如果阅读课本是输入，那么绘制思维导图就是输出，这一步需要你将知识通过自己的理解、思考进行输出，包括重新组织知识，用一种更便于你后期阅读的方式呈现出来，并加上你的评论和联想。

（5）章节到整体：全部复习完后，用同样的方法梳理整个课本，针对这个学科再做一个完整的思维导图，同样只用一页纸。

这种发散的方式，可以帮助我们处理大量的信息，使整本书涉及了哪些知识点跃然纸上。把一本厚厚的书，或者好几页的内容汇集成一页纸，让我们站在全局视角，更宏观地理解作者编排教材的逻辑与用意，让知识的主次分明，更直观地展示出这些知识点之间的关系。

（6）定期复习：这也是非常重要的一步。不要觉得画完思维导图就高枕无忧了，在整理完成后，要合上书，拿出思维导图看着上面的内容进行回忆。看看你能记起多少内容？你会发现将一本书浓缩成一页纸的信息后，你反而记住的内容更多、更全面了。

　　这是非常好的自我检测的方式，思维导图还有一大作用就是加深记忆。看着思维导图自己回忆，就是将这一作用最大化。在复习的过程中有想不起来或者模糊的地方，再回归到课本继续学习。这一步也能破除我们误以为自己记住了、学会了的假象。要对思维导图进行定期的复习，而不只是在考前才拿出来看，每周、每月、每个章节学习完成后都是复习的好时机。

✦ 用思维导图应对考试

　　在考试时，你会有这样的经历吗？看到试卷上的题脑袋一片空白，明明某道题目刚刚看过，却怎么也想不起答案。

　　这是因为在平时复习时，知识庞杂又过于分散，单纯按顺序看很难形成体系，会出现看了后面忘了前面，或者只留了个印象的情况。

　　考试的时候，你也可以使用思维导图！思维导图就像一张大网，把零零散散的知识点串联起来，非常适合通过体系回忆知识点，适用于需要大段作答、涉及方方面面知识点的题目。

在考试中使用思维导图

（1）面对考试题，仔细阅读题目，明确题干要求回答什么。

（2）在草稿纸上画出中心图，向四周发散第一层分支，内容就是题目涉及的几个知识点，然后对应每个知识点进一步联想，把脑海中闪过的内容一一写下来，想到什么写什么，这一步需要你高度集中注意力。如果不这么写，你会发现很多内容有印象但就是想不起来，而且很可能遗漏知识点，但通过思维导图，你会惊喜地发现能回忆出更全面的内容，甚至是细枝末节的小知识点。

（3）梳理完后，可以在这些信息中标出作答的顺序，然后有条理地将其写在试卷上。

需要注意，画考试中的思维导图要以节约时间为前提，主要目的是帮助你回忆考点，不要过于拘泥形式或者花太多时间去画图，否则就本末倒置了。

✦ 用思维导图写文章

在写作文、论文、学习报告或任何文章，不知道写什么，或者信息太多无从下手的时候，思维导图都会是你的好帮手。

无论这时你有没有确定写作主题，都可以使用思维导图。

（1）中心图：根据写作要求和主题，画出中心图，即使你还没有确定写作主题也不要紧，可以画出相关的领域。

（2）第一层：以写作主题为主轴，画出第一层分支，这一层的内容可以是文章的大纲框架、主要的子内容或涉及的几个分主题等。

（3）次主题及内容：接下来，就彻底打开你的思路吧！从这些子内容中不断地延伸想法，此时不需要考虑太多的合理性，就一股脑地把想到的全部罗列出来。例如，可以是某个观点，这个领域的理论，在某本书中看到的最新研究，一组数据，一个例子，等等。

（4）梳理逻辑：全部写完后，对思维导图进行整理和重新组织。找出这些内容之间的关系，梳理成文章的行文逻辑，想想按照什么顺序来讲述这些知识点会更清晰、更合理及更有说服力。

（5）起草初稿：终于可以动笔啦！根据刚才梳理的内容，

你可以先写出一版文章的大纲和框架，大纲的内容就来自罗列出来的关键词和信息。每个主干涉及哪些观点、解释和案例，你都可以在思维导图中找到信息。在这个阶段，你可以不断地修正文章逻辑，问问自己：哪部分内容有欠缺，这部分内容放到前面会更合理吗？

（6）补充枝丫：大纲就是一棵树的主干，确定后就可以填充枝丫和树叶来写具体的文章了。将你的观点进行扩展和具体化，你会发现写作变得很流畅，想法如泉涌，因为刚刚你已经在脑海中挑挑拣拣，收集了一大堆的资料。

（7）其他：在写作的过程中，可以实时更新思维导图中的内容，因为随着你的调研和思考，你也许会推翻之前的一些观点，或者获得了新的灵感，这时也要同时更新思维导图。

不需要拘泥于一张思维导图，当你的思维出现卡顿时，可以另辟蹊径，以这个"卡顿点"为中心，再画一张思维导图，你会发现灵感说来就来了！

思维导图在工作中的应用

思维导图不仅能供个人独立使用，也可以有助于发挥集体智慧的力量。

一支高效运作的团队，需要每位成员作为个体产出想法，将其反馈给团队，团队对来自各个方面的收获进行汇总加工，使得灵感和想法发扬光大，完成真正的集体创新。这不仅能充分调动个人的主动性，也能使集体获益匪浅。

由于每位成员对问题都有着自己独到的见解，并有自己擅长的领域和知识范围，因此思维导图将成为一种非常高效的工具，对团队里的各种信息、角度进行整合和互补，加强协作。

思维导图在工作中的很多场景都能发挥作用，有效提高工作效率。例如，两人的工作讨论，多人的会议、头脑风暴、企划案和决策，等等。

在会议中使用思维导图

（1）明确会议主题，确保团队里的每位成员都了解会议召开的目的。

（2）进行头脑风暴。留出时间让成员先对主题进行独立思考，列出自己的观点，包括基础概念、主要内容和分支内容等。

（3）分小组讨论。将整个团队分成 3 ~ 4 个小组，展开小组讨论。成员在各自的小组内交流观点，形成小组观点。

（4）绘制思维导图。用屏幕或白板开始绘制思维导图，每个小组派出一位代表参与到思维导图的创作中，将本组的观点进行呈现；也可以由一位"主持人"代表各个小组画出观点。

这个过程需要注意如何表达才能让大家更好地理解你的想法，以及要关注别人是否听懂了你的观点。如果发现其他成员没有领会你的意思，需要换另一种表达方式。

（5）酝酿。给整个团队留出时间消化和理解所有的观点。

（6）改进。在所有成员思考过后，对现有的思维导图进行讨论，对内容进行修改，对有疑问的地方进行更正，必要时可画第二张思维导图。

（7）根据最终版的思维导图做出决策和分析。

在集体中使用思维导图，需要注意在团队内营造一种开放和接纳的氛围，支持大家的不同意见，并鼓励成员发表自己的看法，这才有利于发挥个人和团队的双重力量。

用思维导图加强经营管理

组织内复杂的分工和拖沓的流程都会影响工作效率。思维导图的好处在于，能帮助组织分清主次，让各个工作岗位有效联系起来。

通过以下这个练习促进团队的生产力。

将公司的成员进行分组并进行思维导图培训，然后选出公司内的一个特定部门，让其他成员根据对这个部门的理解画出思维导图，比如，主题是"产品设计部门"，内容包括产品设计部门的工作内容是什么，人员分工是怎样的。

先让成员根据自己的经验和理解画出思维导图，然后再和小组的其他成员展开讨论，最后合作画出一张思维导图。在这个过程中，随着讨论，可以不断修正思维导图。

在这个过程中，成员会加强对其他同事的了解，以前可能不清楚其他部门的工作内容和职责，现在有了更全面的认识。在互相了解的过程中，成员们还能发现工作中可以加强合作的地方，比如，销售部门如何将顾客的建议反馈给产品设计部门，或者可以如何简化工作流程中的某个环节等。

实操：如何用思维导图法阅读一本书

现在你已经掌握了思维导图法的技巧，我们马上开始实践吧！

用思维导图法阅读事半功倍，能让你从书中汲取更多的精华。我们在阅读时的一个常见问题是，书读过后不再温故知新，大部分学到的知识会随着时间的流逝而遗忘，结果就变成了只记得读过这本书，但不记得里面讲了什么。还有一种情况是，我们在看过书后对内容有印象，但有一天要用到书中某项内容时，却如同大海捞针般在几百页的书里翻找。

思维导图法就能打破这种现象。首先，它可以把一本厚厚的书简化为一页纸的内容，呈现形式主次分明，节省了做很多页读书笔记的麻烦，让我们快速地掌握书的逻辑结构、主要内容。

其次，不同于书的目录，思维导图法用更直观形象的方式呈现书中观点，并且通过分支从章节直达具体的知识点，一张图就囊括了你在未来可能会运用到的所有信息。还有，通过思维导图可以快速定位知识点的位置，方便后期查找。

拿出你最近刚读完的一本书，如果很久没阅读了也不要紧，你可以选择本书中的任意一个章节或者整本书来实践思维导图法。

开始前问自己几个问题：

- 这是一本什么样的书？

- 这本书分为几章，各章分别讲了什么？

- 这本书最重要的几项核心内容是什么？

第一步，画出中心图。还记得吗？图像大于文字，所以中心图要画出一本书再加上书名。

第二步，通过分支画出书里包含了几项主要内容。这一步可以参考书中的章节，也可以采用"5W1H法"进行归纳，如"谁""什么时候""在什么地方""做了什么事""为什么""是什么/怎么做的"。多思考书中的观点是如何一步步呈现的，内容之间有着怎样的联系。

第三步，进一步分层和画出次级分支。写出这一层级包含的每个章节下的小内容有什么理论和观点，进一步拆解书中的行文逻辑和内容。

第四步，根据书的内容不断完善思维导图。增加主干分支处的枝丫，看看有什么遗漏的地方，有什么问题，或者让你产生联想和反思的地方。

第五步，画完后进行回顾。看着这张图，你能回忆出多少书中的内容？

需要注意，用思维导图法阅读时，你的思维导图要"以你为主"，并不只是复制书中的观点，你的想法、评论和观点同样重要。针对书中的内容，多问问自己"这让我联想到了什么""在未来我该如何运用"等。

画出一本书的思维导图吧

第 5 章

记忆力——用记忆宫殿法
实现过目不忘

记忆天才的秘密

国际象棋大师

某一时刻，美国某个豪华酒店里正进行着一场象棋比赛，这是本季度赛事的决赛，两位选手精神高度紧张，目不转睛地盯着眼前的棋盘，现场观众屏气凝神，不敢发出一丝声响，你能感觉到空气中弥漫着紧张和兴奋。

这时，在给每方留出的回应时间马上就要到时，一位棋手咔嗒一声落下了棋子，有些观众轻轻倒吸了一口冷气，压力来到了另外一方。

另外一位棋手是个看上去很年轻的女士，只见她一边思考着棋盘，一边轻轻转动着手里的棋子。这时，她的脑袋上方突然浮现出了一幅巨大的幕布，这幅幕布正在上演她的大脑在思考如何下这一步棋，只见她的思维像一台计算机一样高速运转，极速闪过所有下一步棋的可能性，并且飞快地预测每下一步后，对方将如何回应及接下来的 N 步，所有画面都是一闪而过，但你知道她已经在规定时间内思考了所有可能性并找到了最优解。她惊人的逻辑能力和记忆力令人叹为观止。

果不其然，在她落下棋子的那一刻，她赢了，现场顿时响起了雷鸣般的掌声。

这正是发生在许多影视剧里的一幕，也许你会觉得影视作品过于夸张了。但我想告诉你，他们并没有夸张，现实中的记忆高手就是如此令人震惊。

这些象棋大师为何能在大脑中飞速地做出各种预测和推算，在比赛中游刃有余？那是因为，这些象棋大师都是记忆高手。在现实世界中，国际象棋大师的大脑中确实储存着比普通人多很多的"棋局知识"，用专业术语来说就是"和棋局有关的组块"。

在棋手年复一年的训练中，通过不断地研究棋局和分析每一步的下法，他们的大脑记住了各种各样的有关棋局的"组块"。所以每当下一盘棋时，他们会基于过去的经验，仅仅是看着眼前的棋盘，就能调动出脑海中存储的组块进行预测和推算。类似于在影视剧中，棋手在大脑里飞快地盘算各种下棋的策略。

顶尖的国际象棋大师，他们的大脑就像一个容量巨大的硬盘，存储了有关棋局的 5 万 ~ 10 万个知识组块，这些信息都存储在长时记忆中。当需要运用时，他们可以像在图书馆内搜索资料一样，调取相关的信息；而且这些组块不仅是简单的知识或记住棋子的位置，而是记住棋局的一些招数、路线策略和局势分析等。

著名音乐制作人坂本龙一在提到他的创作源泉时，说过这样一段话："我只是将过去听到过的音乐在合适的时候进行了重新组合，并没有什么创造性。"因为他在从小学习音乐的过程中，积累了大量的音乐素材及丰富的音乐知识，或者我们称之为音符组块、音乐组块，因此在创作时，就能灵活地对这些音符进行调取和组合，创造出音乐作品。

我们是否可以理解为在大脑中对于某个领域记忆足够多的组块，就能成为该领域的高手？那么，我们在哪里存储这些信息，又该如何存储这些信息呢？

在大脑中存储这些信息的地方就是"长时记忆"，"组块"就是知识的单位。理解了"长时记忆"和"组块"，记忆天才的秘密你就破解了一半。

✦ 是否存在记忆天才

我们往往会把记忆力超群的人看作天才，但实际上，记忆力与智力、先天的才能关系不大，通过记忆技巧和练习，记忆力都能得到提升。所以，没有人是天生记忆好或者记忆差的。

《刻意练习》的作者安德斯·艾利克森和罗伯特·普尔，就做过一个著名的实验，一位被试通过长期训练，竟然从一位记忆力普通的人变成了一位名副其实的"记忆天才"，他能记住的内容比一般人多了好几倍。

除此之外，记忆力也不会随着年龄的增长而下降。著名的投资家李录回忆，多年前，在他和股坛传奇人物查理·芒格的一次会面中，提到了某公司的运营数据，后来自己都已经记不清了，没想到多年后再次见面，芒格竟然还记得，要知道那时候的芒格已经有 87 岁高龄了。

记忆的真相

我们都会有过这样的情况：在回想一些事情时，有一些印象，却想不起具体的经过，但是过了一会儿或几天，突然就又想起来了。

这一点在考试中尤为明显，明明考试前复习过的内容，一上考场，有的知识只能零星记得一二，其他怎么也想不起来。但等到交卷了，才恍然大悟地拍着脑袋"哎呀，想起来了"！

那么问题来了，为什么明明以为记住的东西，却怎么也想不起来？为什么明明忘记了的东西，又能再想起来？

我们平时看到的信息、学习的内容，究竟存储在了大脑的哪里，又是谁来决定哪些想得起来，哪些想不起来。

✦ 什么是记忆

记忆就是信息在大脑中留下的"痕迹"。你可以想象一幅地图，地图上有一栋栋小房子，小房子间有道路可以通行。这时，你开着一辆小轿车，通过街道从房子 A 到达房子 B，这个过程就是大脑形成记忆的过程，如图 5-1 所示。

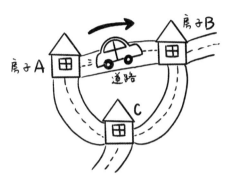

图 5-1　记忆形成的过程——"房子"和"道路"

在记忆形成的过程中，"小房子"就是神经元，是神经系统的一个单位，主要功能是接收和传达信息。连接这些神经元的"道路"就是神经纤维，一旦某个信息通过一个神经元到达另一个神经元，穿过连接它们的神经纤维，记忆就形成了，如图 5-2 所示。

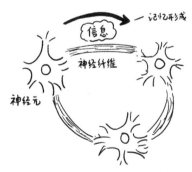

图 5-2　记忆形成的过程

面对人脑中如此众多的神经元，记忆的路网该多么错综复杂，同时又多么强大！

✦ 记忆的原理

当信息在不同的神经元中穿梭，留下痕迹，大脑就能记住，对某事产生印象，在需要回忆时，大脑再通过一些处理来调取这些信息。

大脑中的记忆大体可分为短时记忆和长时记忆。

短时记忆，顾名思义就是存储信息的时间较短，存储的容量也有限，没过多久就会被忘记，如看过一个电话号码，拨的时候还记得，拨完后就忘了。

长时记忆，则正好相反。它容量非常之大，你从出生以来的很多记忆和信息都是长时记忆，而且一旦成为长时记忆，就会存储很久，一个月、一年甚至更长的时间，如自己的电话号码，你就会一直记得。

短时记忆就像计算机中的临时存储器，保存一些临时信息，过一会儿就会清空。

> 长时记忆就是计算机中的硬盘，容量很大，信息会长久保留。

长时记忆就像一个无比庞大的档案库，只不过里面的资料不是按照编号整齐有序地进行排列的。如果记忆的档案库杂乱无章、总是混乱的，那么它就无法发挥效能，通过掌握记忆的原理和技巧，你一定可以让这个档案库高效运转起来。

为什么能记住，为什么会忘记

记忆形成的路径非常固定，一个信息进入大脑后，先形成短时记忆，大脑对信息做临时保管，然后大脑判定这个信息是否值得长久保留，如果值得，这个信息就成了长时记忆，你就记住它了！但随着时间流逝、长期不使用或其他信息干扰等原因，这个信息也许会进入无意识层面，让你想不起来。

回忆的过程就是将上述的路径反过来，信息在长时记忆中被提取出来，然后调入短时记忆，结果你就想起来了，如图 5-3 所示。

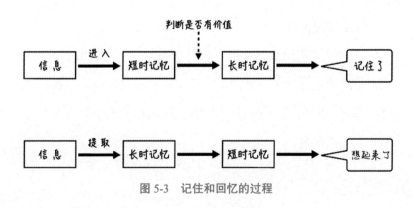

图 5-3　记住和回忆的过程

信息一旦能够成为长时记忆，它就基本安全了，很大程度上我们就不会忘记它了。刚刚提到要想成为长时记忆，这个信息还需要经过大脑的认可，大脑认为这个信息有价值，它才会成为长时记忆，如果大脑认为信息没有价值，它就没机会进入大脑中。

✦ 我们能记住些什么，为什么

（1）首因和近因效应。

在记忆中有个很有趣的现象，让被试记住一连串按照顺序出现的单词，然后进行测试，基本上所有人都会对开头出现的单词和结尾出现的单词印象更深，中间出现的单词印象较浅。这就是首因和近因效应，我们更容易记住一段信息开头的内容及结束的内容。

（2）新旧结合。

英国哲学家阿尔弗雷德·怀特海曾说过："知识的增长方式，是对观点进行了'新的组合'。"在学习的过程中，我们会将新知识与旧知识进行对比和组合，纳入原有的知识系统，从而扩大知识框架。

（3）有意义的内容。

如果让你记住下面这一串词语：

"松鼠、起来、帽子、跳了、他的、有一、吓得、后面的、只、男子、中"

也许你要很长时间才能记得住，但如果把这些词语串联成一个有意义的句子：

"他的帽子中有一只松鼠，吓得后面的男子跳了起来。"

你看一遍就记住了。所以，有意义的内容、理解后的内容更容易记住。

（4）组块。

我们再来看一组数字：

13842759253

如果让你记住以上数字，大部分人都会把它拆分成几个小组块：

138-4275-9253

　　这就是"组块化"。在学习中，我们会把一组信息分成几个小组块来记忆。组块就是一个认知和思考事物的心理过程。比如，我们在儿童阶段刚接触文字时，是一个字一个字地学，随着字的积累，逐渐学会了词组，然后是句子。现在的你在看书时，就不会是一个字一个字地看，而是一句话甚至是几句话一起看，因为在你的记忆中已经形成了大量的文本组块。

　　"组块"是一种强有力的把短时记忆延长并转化为长时记忆的方式，《刻意练习》的作者就提出过，真正区分杰出人士和新手的就是长时记忆中组块的数量。

　　还记得上文提到的国际象棋大师吗？他们的大脑中存储了上万个关于棋局的组块，这个数量一定远远高于初学象棋者大脑中的组块。这就是有些人能成为学霸、天才、行业佼佼者的原因。

　　（5）重要的内容。

　　大脑的容量有限，它无法存下所有的事情，所以大脑会对信息进行取舍，只允许重要的内容和信息进入记忆库。

　　什么样的信息算是重要的信息？就是对生存有帮助的信息，这是由人类的生存本能决定的。因为在原始社会，人类时刻可能会受到生命威胁，可能是野兽的攻击或者食物不够果腹，这些"生死攸关"的信息才是最重要的，我们更倾向于记住这类信息。这就是为什么，火会烧到手这件事我们一次就能记住，但是一个单词可能看十遍也记不住！

（6）有兴趣、突出的内容。

首先，能激发我们兴趣的事物也更容易被记住。例如，你喜欢的偶像有什么代表作品你能牢牢地记住，但是某个历史名人有哪些代表作品，你可能需要背好几遍才能记住。

其次，激发兴趣的一种方法就是鼓励和表扬，当人们对做的事情体验到擅长的感觉，会产生成就感和动机，从而激发出更多的行动。

提升记忆的秘诀——瓶子理论

请你想象一个有着细长窄口的玻璃瓶，现在我们需要把一些石块放入这个瓶子里，石块大小不一，有的甚至大过瓶口。

如图 5-4 所示，这里的玻璃瓶就好比记忆的"容器"，石块就是各种各样的信息，如果我们想要记住，就需要把石块放入瓶子里，相当于把信息存储到我们的记忆硬盘中。要怎样才能把石块又快又好地放入瓶子里呢？

→ 信息"石块"

→ 记忆"瓶子"

图 5-4　记忆"瓶子"

✦ 组块化

面对那些大石块，把它们切割成比瓶口还要小的石块才能放入玻璃瓶里，这个把大石块切成几个小石块的方法就是"组块化"。

- 首先，组块化将记忆分组、打包，比如，通常当你背诵单词时，遇到单词 environment，就可以将其拆分成 en-vi-ron-ment 进行背诵。
- 其次，组块的作用是将记忆赋予意义，在拆解信息的过程中，有助于你加深理解，这一步帮助你实现了记忆的跨越，让信息从短时记忆转变为长时记忆。
- 最后，组块化的信息更容易和原来的知识或者原来的组块建立联系，帮助我们把新知识纳入原来的知识体系中。

✦ 分配

如果想一口气把所有石块都放入瓶子里，大概率它们会卡在瓶口，最后只有寥寥无几的石块能进入瓶子里。但如果分次有序地放入石块，石块就能依次顺利进入玻璃瓶。

不同的信息之间会造成干扰，如果要在同一时间往大脑里塞大量的知识，不仅记不住，还容易造成记忆混乱。

例如，需要在 7 天内背诵 10 首古诗。如果每天都一股脑地去背这 10 首诗，会很痛苦，而且也记不住，不如把 7 天时间分配为 2 天、2 天、2 天、1 天，然后在前 3 个时间组块中的每个组块集中背诵其中的 3 首，背诵的时候不要看其他的古诗，最后 1 个时间组块（1 天）只需要背诵 1 首，还可以复习前面背诵过的。这种方法反而能让你在规定时间范围内记住要背诵的内容。

✦ 复习的重要性

由于大脑爱遗忘的本性，我们需要不断重复信息、反复记忆，加强信息在大脑中的"痕迹"。如果一个石块第一次没放进去，我们就要尝试第二次、第三次。

东京大学的脑科学研究者就曾提出预习、学习、复习之间的比例，如下所示。

预习：学习：复习——1/4：1：4。

可见复习有多重要。

比起记住，大脑更擅长遗忘。根据艾宾浩斯遗忘曲线，我们的遗忘速度并不是线性或者匀速的，学习完一项内容后，刚开始的遗忘速度最快，20 分钟后我们就会忘记大概一半的内容，一天过后，只剩下约 30% 的记忆量。所以学习完后，不能就高枕无忧了，要及时展开复习，如表 5-1 所示。

表 5-1　学习完后如何安排复习

当天晚上	第一次复习
第二天	第二次复习
一周结束后	第三次复习
一个月结束后	第四次复习

✦ 兴趣与图像

首先，自己感兴趣的内容更容易记住。如果在学习时，你满心的不情愿，不仅会让学习效果大打折扣，还会让你学得很辛苦！将记忆的内容图像化也是一个非常高效的记忆技巧，大脑更容易记住图像及色彩。设想一下，如果将小石块绘制成五颜六色、带着丰富图案的样子，那么把石块放入瓶子里的这个过程也会变得十分有趣，不那么枯燥了。

其次，让我们情绪高涨的事情更容易记住。带着兴趣和愉悦的心情去学习，把学习想象成一种为你梦想助力的工具，每完成一项任务，就向目标靠近了一步，每一步都不会白走，你终将会抵达梦想的彼岸。

通过"瓶子"理论我们了解到，要想提升记忆力，记得又多又有效率，就需要把信息分成组块，合理分配信息，及时复习，并且利用好图像与兴趣，如图 5-5 所示。

图 5-5　记忆"瓶子"理论：多次＋少量＋愉快

有一个记忆技巧包含了上述的所有功能，那就是记忆宫殿法。

什么是记忆宫殿法

记忆宫殿法是一种超强的记忆方法，其概念提出至今已有约半个世纪。许多名人都使用了这种记忆法。如今，记忆宫殿法仍在被广泛运用。世界脑力锦标赛冠军王峰，能够记住 300 个随机被念出的数字，就是使用了记忆宫殿法；连英剧里记忆力和推理能力高超的福尔摩斯，也使用了记忆宫殿法。

我们已经了解到大脑就像一台计算机，记忆库就像一个巨大的档案库，里面存储着各种各样的信息，等着被我们调取和使用。

记忆宫殿就像将这个档案库转化成了一个"超级数据库"，让它的运转、存入信息和调取信息都更加快捷。

✦ 记忆宫殿的定义

人类有外视觉记忆和内视觉记忆。外视觉记忆就是通过眼睛看到外面真实的世界形成记忆；内视觉记忆则是通过在大脑中想象虚拟的世界形成记忆，如图 5-6 所示。

外视觉记忆   内视觉记忆

图 5-6　外视觉记忆与内视觉记忆

满分学习法之三：记忆宫殿法

记忆宫殿法就是利用内视觉记忆，在大脑中想象一个固定的场景，通过联想，将信息按顺序附着到场所内的事物上，从而达到快速记忆、大量保存信息和迅速提取的效果。

我们可以看出记忆宫殿法包含了这几个关键词：（1）场所；（2）联想；（3）顺序。

记忆宫殿里的"宫殿"只是一个比喻，并不是真的要在脑海里想象一座宫殿，所谓的宫殿，是在脑海中想象：

- 一个场所、场景，如自己的房间；

- 某个环境，如书中的插图；
- 某个事物，如身体。

总之，这个场所或事物需要由多个元素组成。

记忆宫殿法浅尝：小男孩摘苹果

例如，本书介绍了七个获得成功需具备的要素——主动力、思考力、记忆力、专注力、笔记力、重复力和情绪力。

我们试着用记忆宫殿法来记住这七个要素，想象这样一个场景，如图5-7所示。

"一个小男孩看到树上有一个苹果，想摘下来吃。"

图 5-7　小男孩摘苹果

（1）小男孩尝试爬树——积极主动地去行动——主动力。

（2）尝试了几次，爬不上去，小男孩停下来思考如何才能吃到苹果——思考力。

（3）小男孩回想，之前看到别人用杆子把苹果打下来——回想过去——记忆力。

（4）于是，他找来杆子，从杆子联想到笔杆——笔记力。

（5）集中精力打苹果——专注力。

（6）尝试了一次又一次——重复力。

（7）终于打下了苹果，捧着苹果非常喜悦——情绪力。

我们刚才想象的这个场景，就是通过联想，将信息与故事情节联系在一起，借助这个场景回忆信息，并且能够按照顺序进行回忆。

记忆宫殿法的原理

可见，记忆宫殿法就是将信息分成小块，通过图像及逻辑关系，分配到各自的空间和位置上。这种方法是多种记忆技巧的结合，让信息和内容：

- 组块化；
- 图像化；
- 被赋予意义；
- 纳入原有知识体系中。

关键在于将信息联想成图像，再将图像在场所内按照顺序进行连接。

记忆宫殿法的核心：场所＋联想＋顺序。

✦ 记忆宫殿法之图像化

记忆宫殿法利用了大脑对图像的记忆速度更快的特性，将信息通过联想的方式转化为图像，再将图像存储在记忆中。

✦ 记忆宫殿法之联想

联想是一种发散思维，把抽象的信息与现实中实际存在的事物联系起来。记忆的一个原理就是将新知识与旧知识建立联系，从而纳入原有的知识体系中，联想就可以达到这个作用，从而促进记忆。

以下为几种常见的联想技巧。

（1）字音、字形和字义。

我们通过文字的字音、字形和字义，将其转化为图像的过程就是联想。

- 比如，把"果"想象成一颗向日葵，文字上方的"田"就是硕大的花朵，下方的"木"是枝干和叶子。

（2）谐音和口诀。

将信息的发音与熟悉的事物联系起来，或者建立记忆口诀。

- 比如，有些幽默的英语老师在讲解单词 ambulance 时，会根据单词读音将其拆分成：am-bu-lan-ce；谐音——俺不要死；所以意思是——救护车。

背诵马斯洛需求层次理论时：①生理的需求；②安全的需求；③归属和爱的需求（社交需求）；④尊重的需求；⑤认知需求；⑥审美需求；⑦自我实现的需求。

提取每个需求的关键字：生、安、爱、尊、认、美、自。

建立成有逻辑的口诀：自尊认生安爱美——"自尊的人生安全又爱美"。

✦ 记忆宫殿法之逻辑关系

通过逻辑关系找到信息之间的规律，也可以提升记忆效率。通俗来说，就是理解。当我们对要记忆的内容产生了意义上的理解，就更容易记住了。

下面请看一组词汇：

"打击乐、小提琴、弦乐、小鼓、中提琴、铜鼓、大提琴、定音鼓"

请问你能记住多少?

如果把这些词汇进行重新排列，根据乐器的所属类型进行层级排列，如图 5-8 所示，是不是好记了很多？

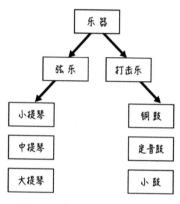

图 5-8 建立信息的逻辑关系

这是一组经典实验，第一组被试看到的是一行毫无顺序的词汇，第二组被试看到的是如上图按照层次排列的词汇。实验结果表明，第二组被试比第一组被试记住了更多的词汇。

这个实验说明了层次对于记忆的帮助作用，把一组信息按照等级、高低、先后的顺序进行排列，找出信息间的关系，会更容易记忆。所以对知识建立层次、层级关系就是逻辑关系的一种体现，对提升记忆很有帮助。

如何使用记忆宫殿法

✦ 建立场所

记忆宫殿法通过在大脑中构建一个场所，将信息与场所内的元素产生链接，从而让我们按照顺序去记忆，如图 5-9 所示。

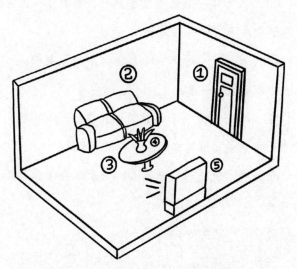

图 5-9　记忆宫殿法——用房间记忆

举例：用房间记住购物清单

购物清单包括：巧克力、鸡蛋、橘子、果汁、啤酒。

想象这样一个场景，进入房间，如图5-9所示。

① 第一步打开房门，棕色长方形的房门就是——巧克力。

② 往房间里面走，右手是米色的沙发，联想到鸡蛋的蛋白——鸡蛋。

③ 沙发前有一张圆形的小桌子，想象橘子圆圆的形状和这张桌子一样——橘子。

④ 小桌子上摆放着一个花瓶，联想水果榨成汁后倒入这个瓶子里——果汁。

⑤ 小桌子前是一台电视机，想象打开电视机，电视机中正在播放宣传某啤酒的广告——啤酒。

于是我们就通过这个场景，依次记住了购物清单上的物品：

房门——巧克力；

沙发——鸡蛋；

小桌子——橘子；

花瓶——果汁；

电视机——啤酒。

✦ 定桩子

在一个固定的空间内确定特征物就是"定桩子"。特征物就是在这个空间内的物品或组成元素。例如，在一个房间内有桌子、椅子这些组成空间的元素。

设想一下，当我们建造一栋房子时，需要在地面上打入一些木桩，起到加固和稳定的作用。这些木桩就是记忆宫殿的组成元素。

当我们在脑海中想象一个场所或事物时，通过发散想象，找到场所内的形象各异的物品和元素就是定桩子。这些桩子都是互相有差异的、独立的元素。

另外，这些桩子也起到了触发点的作用。当我们需要在计算机中搜索一个文件时，只需在计算机中输入关键词，这个文件就会跳出来。同理，当我们在大脑中回忆时，想到桩子，某个相关的记忆就会被触发，从记忆储存库中跳出来。

✦ 顺序记忆

建立场所的一个重要作用是建立顺序，这也是记忆宫殿法区分于其他技巧的一个主要特征。

因为空间内事物有位置关系，如上下、左右、前后，这就能让信息根据位置关系依次出现，更易于回顾。按照顺序记忆，建立起信息间的顺序，提升记忆的效率，不容易产生遗漏。

并且，要使用我们熟悉的顺序去建立信息间的关系，因为这个路径已经在我们脑海中形成，很容易记住。例如，一瓶水就可以拆分为瓶盖—瓶身—瓶里的水这三个元素组成的顺序路线。

按照上述通过房间记住购物清单的程序，我们可以继续扩大房间内的桩子，从而记住更多的信息，如用房间记住购物清单里的 10 个物品。

实操：建造记忆宫殿五部曲

✦ 第一步：选择宫殿

选择你的"宫殿"，找到一个场景、场所，这个空间既可以是一个现实中熟悉的场景，如你的家、学校、公司，甚至是某家餐厅等；也可以是一个虚拟的场景，如在脑海中构造出一个完整的房间。

在选择场景时需注意，这个地点需要是你很熟悉的，你能够毫不费力地回忆起场景里包含哪些物件，并且它们有一个固定的出现顺序。另外，场所内的物件需要彼此差异且独立，色彩鲜艳。例如，房间内的桌子和电视机就是完全不同的事物，但是沙发上的第一个抱枕和另一个抱枕就过于相似，容易产生混淆。

虚拟的场景可以完全凭借想象创造。目前，我们举例的图片中都是一个房间，屋内物品不超过 10 个。随着你的练习，会对记忆宫殿的用法越来越得心应手，可以逐渐扩大房间和物品的数量，如一些记忆大师在大脑中能够建立数百个房间，每个房间都有十几个或者更多的物品，算下来就是数千个"桩子"。

不过，记忆宫殿需要你定期维护，也就是你要经常在头脑中熟悉桩子、路线和联想等。所以，记忆宫殿并不是越大越好，要根据个人能力量力而行。

✦ 第二步：确定特征物

（1）在这个场所内有哪些特征物（即桩子）？想象一下，当你回家时，一进门，会先看到什么物品，然后这个物品旁边又会出现什么物品。

比如，一进家门，先看到鞋柜，然后是鞋柜旁的一把椅子，接着是前方的沙发……按照顺序一一确定空间内的特征物。在初期，可以将特征物数量定为 5 ~ 10 个，随着练习再不断增加。

（2）还有一种数字图像编码的记忆方法，就是将数字与字母或者文字联系起来，通过图像创造两者之间的联结。例如，一些记忆大师对数字进行固定的编码，每一个数字代表一个具体的图像，将不同的数字组合就能得到一串信息。一旦建立了自己的数字编码系统，就可以一直使用下去。

形成记忆的过程：文字→图像→数字。

提取的过程：数字→文字。

同样，我们可以建造记忆宫殿，把数字和图像的桩子联系起来。

举例：

1——落地灯　2——天鹅　3——耳朵　4——旗

5——水壶

当需要记住一连串的数字时，如要记住531，可以想象在房间内，摸了一下桌子上的水壶（5），很烫，于是用手抓了一下耳朵（3），又不小心碰到身后的落地灯（1）。

于是：水壶—耳朵—落地灯——531。

✦ 第三步：选择路线

场所和特征物确定后，在你的记忆宫殿内选择一条固定路线，这条路线是你平时熟悉的或者完全符合经验的路线，想象你在这个空间里巡视，从家门口，到沙发，到桌子，到电视机……。选择了一条路线后固定下来，以后在回忆信息时，你都需要按照这条路线行进，这样就能确保信息出现的顺序。

✦ 第四步：重复

在脑海中反复参观你的宫殿，在宫殿里按照确定的路线多走几遍，熟悉空间内的特征物，并定期练习。你也可以把宫殿画在纸上，画出路线和特征物，反复浏览。

✦ 第五步：联想

现在你已经拥有了自己的宫殿，可以将信息"放置"到宫殿里了。刚开始，可以记忆一些简单的信息，如前文中的购物清单。通过联想的方式将信息与特征物建立联系，如大门，可以联系为棕色的巧克力、数字"1"、文字"口"等。充分发散你的思维吧，你会发现自己拥有无限的想象力。

现在，开始建造你的记忆宫殿吧！

第 6 章

专注力——用番茄钟工作法
沉浸式学习和工作

注意力困境

学生小 A，每次在学习时，一坐到书桌前就开始走神，本想看个时间，结果一拿起手机就被各种新闻推送吸引了，好不容易回过神来，发现一小时已经过去了，心里十分懊恼，但总是控制不住自己。

学生小 B，在做作业时特别磨蹭，一会儿翻翻书，一会儿找找资料，看似是在学习，但效率十分低下，三心二意，导致每天做作业都做到很晚。

工作族小 C，每天一早到了公司，打开邮箱就有数不清的邮件等着回复，工作任务堆积如山，无从下手。明明忙了一整天，但是总是捡了芝麻丢了西瓜，工作推进慢，业绩也不理想。

工作族小 D，遇到几个棘手的工作问题，本以为花几小时就能解决，但忙得焦头烂额，一天过去了，一大半问题还毫无头绪，总是有种无从下手的感觉。

全职妈妈小 E，孩子的老师布置了一份亲子手工制作作业，她害怕自己不擅长做手工，让孩子拿不了高分，担忧和压力导致迟迟没有动手，最后只能匆匆完成作业交差了。

以上这些情景你是否似曾相识，或者唤起了一些你的不愉快的经历。（抱歉！）

上面几个效率低下的问题，都可以归结为以下原因：

（1）缺乏专注、自律；

（2）拖延；

（3）同时执行多项任务；

（4）缺乏目标，对任务量没有概念；

（5）对时间没有概念；

（6）缺乏信心，容易感到压力，心态不好。

不知从何时起，我们的生活陷入了一种循环，总有做不完的事，总感觉时间不够用，每天神经紧张，像个上了发条的机器一样停不下来。但是明明有一堆事要做，我们却还是会拖延、走神，难以集中精力！

直到有一天，你会发现，原来生活不需要处在紧张的节奏下，也能有节奏、有效率地运转起来；原来我们不需要像流水线上的机器一样没日没夜地工作，也可以完成工作和学习任务。

不要让这种局促不安的状态成为你的常态。你可以让生活变得有序、高效，你甚至可以慢下来。找到问题的原因，你的人生将重新开始。

✦ 你的注意力很值钱

我们平时浏览的各种社交软件、各类短视频，看似是免费的，但实际上浏览这些软件会耗费你的注意力。注意力是我们一个非常宝贵的资源，它就是我们的"精神金钱"，并且是十分稀缺和有限的。

对社交软件来说，争夺用户的注意力是第一要义，这决定了用户将会花费多少时间在这个软件上，每家公司都希望用户在自家的 App 上停留越久越好，这对他们意味着更多的流量，更大的用户活跃度，更大的市场份额。但对你来说，这意味着你把多少时间留给了这些社交软件，或者可以说，你把自己的多少生命分给了这些软件。

> 我们把注意力放在哪里，精力和能量就会流向哪里，哪里就会产生结果。

例如，平时你把注意力都放在健身上，你会记录每天健身的时间，关注一些运动技巧，慢慢地你会收获一个健硕的体魄；如果你把注意力都放在浏览娱乐新闻上，那么可能在和朋友聊天时，你会有很多谈资和素材。总之，注意力极其有限，你把注意力放在了这里，就代表你无法把注意力再放到另一个地方。最终，你希望自己成为怎样的一个人，你希望自己在哪个领域开花结果，选择完全在你。

提升专注力

专注力就是当你在做一件事时，将全部思考和精力都投入这件事，做到心无旁骛，可以长时间地保持注意力集中。相反，缺乏专注力的表现就是，做事情容易走神，拖延磨蹭，注意力不集中，坐不住。

面对堆积如山的学习和工作任务，你一会儿翻翻书，一会儿回复个消息，一会儿又在网络上搜索信息……最后你会发现一天忙忙碌碌，并没有实际的产出，日复一日，成绩不见提升，年复一年，逐渐和身边的人拉开了差距。

畅销书作家卡尔·纽波特提出了浮浅工作和深度工作的概念。浮浅工作是对认知性要求不高的事务性工作，如回复一封邮件，抄一段文章，参加例行会议，这些工作不需要耗费太多的注意力和认知，在被干扰的情况下也可以完成，类似于"浮于表面"的工作，没有太多实质内容，完成后也不会产生太多的价值或带来太多改变。

所谓深度工作，就是要长时间，在无干扰的情况下专注完成单一的任务。在这种情况下，我们可以充分调动大脑，极大地激发思考、分析和认知能力。例如，学习专业技能课程，研究写作方法，整理考试后的错题并分析原因。这类工作存在一定难度，需要我们全情投入，付出更多时间和精力。只有深度工作才能创造真正的价值，促进个人成长，实现恒久改变。

是否拥有专注力，并进入深度工作，是区分人与人的关键。不懂得如何保持专注，即使再忙碌也不会有效果，只有专注于可产生价值的有效任务，才会有高效的产出，才能让我们在这个激烈的环境中保持竞争力，不会被时代抛弃。

什么是番茄钟工作法

番茄钟的由来

很多年前，有一位意大利人，名叫弗朗西斯科·西里洛，饱受拖延的折磨。在大学期间，他发现自己很难集中精力，学习效率十分低下，甚至学习很短的时间都坚持不下来。于是，他从厨房找来一个烹饪用的定时器，将定时器调到 10 分钟开始计时，来监督自己的学习，他惊喜地发现，这种方法不仅能让他在这段时间内保持注意力集中，还能帮助他高效地完成学习。于是，他将这种方法进行了改进。由于这个定时器正是一个番茄的形状，他将这种时间管理法命名为——番茄钟工作法。

✦ 番茄钟工作法的内涵

番茄钟工作法的操作非常简单，就是列出一项任务，然后设置一个 25 分钟的闹钟，在接下来的时间里，完全专注于这项任务，中途不要做其他事，一直集中精力工作，直到闹钟响起。之后稍作休息，一般休息 5 分钟，不要休息太久，以免难以再进入学习状态。

休整后，再开启一个新的 25 分钟的番茄钟。如果刚才的任务没有完成，可以继续进行，如果完成了就开始一项新的任务，循环往复，如图 6-1 所示。

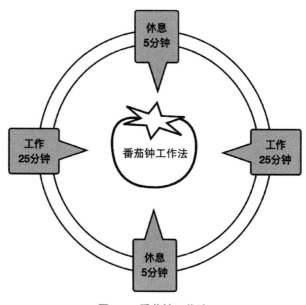

图 6-1　番茄钟工作法

番茄钟工作法能帮助我们快速进入学习或工作状态，专注于完成目标。

> **满分学习法之四：番茄钟工作法**
>
> 　　列出一项任务，然后设置一个 25 分钟的番茄钟，一直集中精力工作，直到闹钟响起，之后休息 5 分钟。

番茄钟工作法的核心如下。

- 一个完整的番茄钟为：25 分钟工作时间 +5 分钟休息。
- 在每个番茄钟的时间内，只专注于做一件事。
- 闹钟正计时、倒计时都可以，哪个让你更有紧迫感就用哪种方式。
- 一小时里有 2 个番茄钟。

✦ 为什么是 25 分钟

大部分人集中精力的时间是 45 分钟左右，这也是为什么一堂课设置成这个时间，一般过了这个时间，大脑就会开始走神。当然，保持注意力的具体时间，因人而异。

即使在这 45 分钟里，我们也有可能走神，比如老师一直讲同一个内容，课堂内容我们听不懂、跟不上，或者内容过于枯燥，都有可能导致注意力涣散。

番茄钟的发明者每天坐公交车上下班，在通勤的路上他发现，自己的住所到办公室的车程正好是 25 分钟。在这一路上，他利用了坐车的时间看书和工作，因为 25 分钟说长不长，说短不短，这段时间他就只能专注于做一件事，结果发现效率极高，无论看书还是工作，都比平时在办公室更加高效。

于是，他将 25 分钟发展成了番茄钟的工作时间。25 分钟成了一个魔力数字。

如果让你一下子开启 1 ~ 2 小时的学习模式，你可能会感到有压力，一想到要在书桌前坐那么久，心里会有抵触情绪。当开始学习时，你会觉得度秒如年，对学习任务更加畏难。

而如果把时间设置得太短，如 10 ~ 15 分钟，可能我们刚进入学习状态，就到时间了，容易打断思路，不利于逐步进入深度工作。

所以，25 分钟就是一个折中的时间，有助于我们快速进入状态，保持高效，并在工作时间结束后，有机会检验完成情况，稍作休息。

所以，一个番茄钟的工作时间为 25 分钟，加一个小休息时间 5 分钟。4 个番茄钟为一组，完成后可进行一个"大"休息，时间为 15 ～ 30 分钟。

✦ 为什么番茄钟工作法有利于专注

（1）番茄钟工作法规定只专注一项任务，一个番茄钟内只做一件事，帮助我们在限定时间内集中注意力，增加紧迫感。

（2）将庞大的工作任务拆解成一个个小步骤，每个时间段集中解决一个问题。对于一个复杂的事项，如果先给你 25 分钟，你会做什么？用番茄钟工作法你就可以对其进行拆解。

（3）把看似很长的时间拆分成一个个时间块。通过番茄钟工作法，一小时就变成了两个 25 分钟工作时间 +5 分钟休息时间，更利于做规划。而且每个番茄钟结束后，你可以根据完成情况，检查自己的完成进度，根据实际情况为接下来的学习调整方向。例如，预估一个番茄钟的时间完成数学练习题，结果时间到了只完成了一半，这时需要思考为什么没能按时完成，是读题速度太慢，还是难题思考太久？你要找出问题的原因并在下次进行改进，如果再遇到同类型任务，则可以预留更多的时间。

（4）战胜拖延。25 分钟的工作周期看上去没那么久，有助于马上开始行动，减轻心理负担。

（5）提高效率和生产力。25 分钟的完成效果大于 1 小时。

番茄钟的使用技巧

✦ 开始使用番茄钟

准备工作：一支笔，一张纸，一个番茄时钟——可以是闹钟、有提醒功能的钟表，也可以用手机，但请记得将手机设置成静音或关闭信息推送。

现在，我们就开始吧！

- 在纸上列出今天的任务清单，所有的待办事项，如完成数学作业、背单词、回复邮件、打扫卫生、邮寄包裹，等等。
- 找出清单上最重要的一项任务。
- 设置一个25分钟的闹钟，开始集中精力处理这项任务，直到闹钟响起。
- 开始休息5分钟。
- 休息过后，再选择一项任务（如果上一项任务未完成，就继续进行），然后开始新一轮的番茄钟。

- 完成 4 组番茄钟后，多休息一会儿，约 15 ~ 30 分钟。
- 可适当设置奖励，完成任务后进行兑现。

番茄钟使用要点

（1）规划出完整的 25 分钟，确认在这段时间内不会受到打扰。

（2）确保学习和工作的环境是安静的，关闭干扰源，如手机等电子产品。

（3）在每个番茄钟工作时间选择一项任务，在计时器响起之前，你的唯一关注点就只能是这项任务。

✦ 如何处理被打断的番茄钟

日常生活中难免会出现被打扰的情况，可能你突然接到一个电话，或临时有朋友约你外出。

当一个番茄钟被中断了，你能将闹钟暂停，等事情解决了再继续吗？

这种方法是不可取的，番茄钟工作法的原则是以一个完整的 25 分钟为周期，不能分割，也不能由不同的时间段累计，不然就失去了它的意义。所以，每次番茄钟被中断了，就要重新开始。

如果你在进行任务时，突然想起来要办什么事，可以先记下来，等番茄钟完成了再去做。

如果是由于外部原因，如同学请你帮忙解答一个问题，你可以告诉对方自己正处在完成一项任务的过程中，等结束后再联系对方；或者终止这个番茄钟，先帮助同学解答问题，再开始一个新的番茄钟。

✦ 学会休息

一旦进入专注状态，我们会感到非常投入，有一种充分激发认知和灵感迸发的体验，这个过程是充实、愉快的。尤其是当任务顺利完成时，会产生一种成就感和满足感。

这时候也不要忘记休息，番茄钟的 5 分钟休息时间，是为了让你在任务和任务之间有一个喘气的机会，让大脑休息一下，更好地进入下一项任务。休息时不要思考和任务有关的事，也不要利用这个时间去处理零碎的事务，如回复邮件、寄快递等，更不要拿起手机或其他电子产品，因为看手机并不会让大脑放松，反而会让你好不容易建立起来的集中状态功亏一篑。

可以听听舒缓的音乐，起身走动走动，总之让大脑放空一会儿。

✦ 如何将番茄钟工作法养成习惯

很多好用的方法，我们学会了却不懂得运用，三天打鱼两天晒网，过了一段时间，又会回到过去旧的模式中，这也许是虽然我们知道一堆道理，但却依然无法取得成功的原因。

所以，我们要学会用新的方法代替旧的方法，让高效的工具融入生活。以下几个技巧可以帮助你养成使用番茄钟工作法的好习惯。

（1）不断重复。在不同的场景中反复使用，如学习时、读书时、工作时、做测试时，让自己适应番茄钟工作法的节奏。

（2）做记录。列出一个表格，记录每天使用番茄钟工作法的情况，看看今天使用了几次番茄钟工作法，每次使用情况如何。

（3）设置奖励。玩手机会上瘾，我们同样可以对正向行为"上瘾"。每当我们完成一个行为后，就设置一个奖励，这会激发我们更多的动力去实践这个行为。因此，可以给自己设置一个小奖励，每完成一个番茄钟就兑现，也可以一天结束后再兑现，这会让你充满动力。

用番茄钟工作法做到极度专注

✦ 一次只做一件事

我们在前文中提到了大脑有短时记忆和长时记忆之分，虽然大脑的容量极其大，但短时记忆的容量只有 7±2 个组块，我们的注意力极其有限。

大脑无法同时处理多项任务，当你同时在做两件事时，其实并没有在同时处理这两件事，而是在这两件事中来回迅速地切换。例如，当你在写报告时，手机铃声响起，你拿起手机回复了一条信息，然后再继续回到刚才的报告中，就相当于你消耗了两份的注意力。

把注意力和精力比作电池，每当你切换一项新任务时，大脑都需要"重新开机"，需要投入一些电量转换到新任务上。每切换一次，就会损失一些电量。因此，当你在写报告时，同时又不停地回复信息，就相当于你花了大量的时间在两项任务中跳来跳去，并没有真正投入哪项任务中。这就是为什么你有时候花了很多时间工作却没有成功，有时候没做什么也感觉很累。你把电量都花在切换任务上了，到了要集中精力工作的时候，你已经电量耗尽，又怎么投入工作中呢！多任务工作会消耗我们大量的注意力，让我们无法集中精力，效率低下。

> 因此，番茄钟工作法有助于只专注于一件事。在这25分钟内，你应该将全部精力投入一项任务中，不应该去想、去做其他任何事情。在还没到时间之前，就当这世上只有这一件事可以做。

✦ 要事优先

对你的大目标来说，做什么事会让它实现得更快，那就优先做这些事情，把时间留给真正重要的事。例如，在学习上，对提升成绩来说，整理错题的效果也许大于做作业，但很多学生把课后时间都用来完成作业，而忽略了用错题巩固知识点的重要性，所以总难以提升成绩。在工作上，花些时间研究怎么写好方案，也许比回复邮件更有成效。

如果当你列出今日的任务清单，发现每件事都很重要时，那就等于每件事都不重要，最终你可能什么也没完成。所以，我们要学会要事优先。

- 列出今天要做的所有任务，然后从中找出最重要的三项任务。重要的事情并不是紧急的事情，而是对实现长期目标有帮助的事情。
- 再将这三项重要的任务进行排序，从重要到不那么重要列出 1—2—3。
- 先完成最重要的那项任务，然后再着手处理第二项重要的任务。
- 在完成这三项重要的任务前，不要做其他事情。

这种方法可以帮助你专注于目标，不被其他事情打扰。很多时候，我们过于关注紧急的任务，每天就像消防员在救火，一天下来，却没做几件所谓的"正事"，久而久之，我们会离目标越来越远。所以，我们每天都应该关注要事，关注那些能促进实现目标的事情，然后致力于完成这些重要的事情。当我们每天优先去做重要的事，按时完成计划，日积月累，这一件件事会变成迈向目标的阶梯，助我们实现梦想。

学会做计划：用系统代替目标

✦ 制订计划，设立目标

网坛著名姐妹花大威廉姆斯和小威廉姆斯的父亲在她们出生前就起草了一份详细的计划，规划如何一步步将她们培养成职业网球选手。

合理的计划，就像是大海上的灯塔，为我们的征程确定方向。关于如何制订计划，史考特·亚当斯就提到，要建立系统，而不是设立目标。

这样制订计划：
- ✦ 用系统，代替目标；
- ✦ 用工作流程，代替做计划。

例如，对于减肥这件事，如果我们把目标设定为减掉 5 斤，结果可能是每天运动完，看着体重秤上的数字没有变化，几天过后很有挫败感，进而就放弃了。

但是，如果把目标转化成系统，即每天运动 30 分钟，这是一个每天都可以重复去做的动作，只要每天行动了，我们就可以完成目标。

- 减掉 5 斤。
- 拿到某企业的 offer。
- 赚 100 万元。
- 住上大房子。

以上这些都是以结果为导向的目标，都是给自己设定了一个很遥远的目的地，然后每天朝着这个目的地奔跑。这种方式，让我们过于关注结果，忽略了过程。在目标没有实现前，我们每天都会很焦虑。当目标实现了，那一瞬间是开心的，但很快会找不到努力的意义，我们很容易被打回原形。

以结果为导向设定目标，容易中途放弃，不利于目标的实现。

✦ 用系统代替目标

所以，我们要变目标为系统。系统就是一套长期可实行的行为习惯。

例如，原来的目标是英语考 100 分，换成系统就是每天学习英语 30 分钟。建立系统是以行动为导向，注重过程，更利于目标的实现。

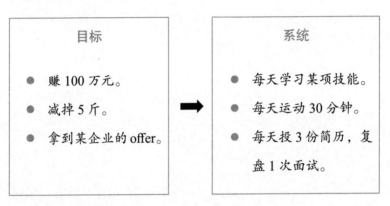

例如，当你在找工作时，不要总盯着"找到工作，拿到 offer"这个最终的结果，而是要换成建立一个系统。

变成：每天投 3 份简历，复盘 1 次面试。

以系统为主，让你更关注过程。这样的动作反而对你找工作更有帮助，而且比起每天想到还没找到工作带来的挫败感，建立这样的系统，让你感觉每天都可以完成，每天都在取得进步。即使你达成了一个目标，你的系统依然可以继续，你依然可以保持每天学习的时间、运动的时间，你还是在自己设定的轨道内前进。

所以，用系统取代目标，可以让你的人生进入正向循环。

培养时间观念

> "时间是你生命中的一枚硬币。这是你唯一的一枚硬币，只有你才能确定它如何花出去。你要注意不要让别人替你花掉它。"
>
> ——卡尔·桑德堡

帕金森定律提到，当你给一项工作任务安排了对应的完成时间，工作任务会自动膨胀填满时间。也就是说，无论一项工作需要 5 分钟还是 1 小时，如果你给它安排了 1 小时，最终你会在过程中放慢速度或增加其他内容，让工作自动填满这 1 小时。所以，如果我们对任务量没有合理的评估，对时间没有概念，就容易陷入忙碌一天精疲力竭，但效率低下、拖沓懒散的泥潭。

✦ 对时间的概念

你知道自己读一页书要多少时间吗？你知道自己做一道题

要多久吗？你又知道自己玩手机花了多少时间吗？

我们每天有 24 小时，一小时是 60 分钟，一整天我们就拥有 1440 分钟，每个人都一样，没有谁会多，谁会少。但是如何运用这些时间，如何在有限的时间内创造出价值决定了时间的质量。

把这 1440 分钟想象成 1440 元硬币，每天早晨一睁眼，你就自动被系统充值了 1440 元硬币，你有充分的自主权决定如何使用这些硬币，当你好好利用时间，用时间去提升自我，做真正有用、有意义的事情，你就是在用金钱投资，你让这些"时间硬币"钱生钱，创造了更多价值。但是，如果你用这些时间来玩手机、摸鱼，就相当于你扔掉了这部分钱，刷了一小时手机，等于扔了 60 元硬币，坐在书桌前看似学习实则摸鱼，也等于你正在浪费金钱。

所以，像管理金钱一样管理你的时间吧！

◆ 对任务的概念

对于工作和学习，我们有时会高估了自己的完成能力，低估了任务的难度。

正如前文提到的，任何工作都可以分为浮浅工作和深度工作。在做规划时,我们可以将零碎的时间留给浮浅工作,如回复邮件,打电话;将大段的不被打扰的时间留给深度工作,如撰写报告、整理错题。

✦ 拆分任务

面对复杂庞大的任务,我们会感到无从下手,容易造成拖延。所以,我们要把一项大任务拆分成一项项小任务,并且是独立、简单、可以立刻去做的事情。

不妨试试用番茄钟工作法拆解你的任务,如果你现在只有25分钟可以去做,那你会怎样拆解这项任务呢?

实操：制定每日计划表

通过制定每日计划表，可以帮助我们规划任务和掌控时间。时间管理的初学者也可以通过日计划表，一步步学习如何制订短期计划和长期计划。

我们常说：你不理财，财不理你。对于时间也是一样，如果你不重视时间，让它白白流去，那么时间就会一去不复返，悄悄流过你的人生却没留下任何价值。

我们可以制作如图 6-2 所示的每日计划表来规划自己的时间。表格分为左、右、下三个部分。

（1）左边栏为任务清单，在这里写下今天要完成的所有任务。记住，最重要的三项任务写在最上方的框里，要提醒自己"要事优先"。

（2）右边栏为时间轴，是一天的 24 小时，时间轴上方是按照 25 分钟 +5 分钟为刻度的，每一小时就包括了 2 个番茄钟，方便你进行规划。你可以在每小时的时间栏里，规划番茄钟。

例如，对于完成第一项任务——数学作业，你就可以在时间轴的一行里,规划出 25 分钟的番茄钟和 5 分钟休息时间。你可以合理规划每项任务,然后开始工作,也可以每完成一个番茄钟,再规划下一个。

(3)下边栏的两个框,你可以用来:

- 对任务清单里的事项进行拆分;
- 复盘任务完成情况,进行反思和改进;
- 记录习惯打卡、日记、心情等。

无论你看到这一页的时候是当天的几点钟,都可以从当时就开始用这个日计划表,试着规划今天剩余的时间,用番茄钟工作法开始处理当天的任务。

每日计划　　　　　　　　　　　日期：　　/　　/

任务清单　　　　　　　　　　**时间轴**

5:00	25分钟	5分钟	25分钟	5分钟
6:00				
7:00				
8:00				
9:00				
10:00				
11:00				
12:00				
13:00				
14:00				
15:00				
16:00				
17:00				
18:00				
19:00				
20:00				
21:00				
22:00				
23:00				
00:00				
01:00				
02:00				
03:00				
04:00				

图 6-2　每日计划表

第 7 章

笔记力——用高效笔记法
提高生产力

做笔记为什么重要

杰出的人都有一个特点：爱做笔记。

- "发明大王"爱迪生一生做了几百万页的笔记，他的笔记中包含了实验细节、日程规划、预算清单、灵感等，光是有关电灯的笔记就不计其数。

- 达·芬奇也是一位笔记"达人"，现今还有博物馆专门展览他的手稿。达·芬奇的笔记里运用了大量的笔记技巧梳理内容，包括符号、图文、序列、列表等。

- 钱钟书的笔记也令人叹为观止，他整理的外文笔记多达三万多页，同样，整理的中文读书笔记数量也极其惊人，这些都为他的文学研究提供了丰富的资料。

- 著名作词人易家扬，写出过许多脍炙人口的歌词。他曾说过，从大学开始，他就随身携带一个本子，会记下所有的灵感、想法，如一个歌曲名、一个构思，这些日常的积累形成了他庞大的"歌曲库"，让他在写歌词时信手拈来。

- 维珍航空创始人布兰森也说过自己即使在旅行时也会带着本子，随时记录想法和灵感。他后来创办的太空企业维珍银河，就源于多年前他在本子上写下的一个灵感。他还在自己的社交媒体上分享过这张泛黄的内页，告诉大家几十年前的一个想法如今已成为现实。

- 思维导图的发明者东尼·博赞也强调了做笔记可以促进发散思维、挖掘大脑潜能。

- 脑科学专家池谷裕二也提到了做笔记对于开发大脑、提升记忆的作用。

在这些成功人士中，几乎没有一位是不做笔记的。他们成功的秘密就藏在这些密密麻麻的笔记中。做笔记让他们开发了更多的大脑，实现了发散式思考，产生了更多创造力和灵感。

为什么做笔记有如此大的魔力？

✦ 做笔记的作用

（1）建立第二大脑，提升记忆。

我们在前文中提到只有将知识存储到长时记忆里才能真正掌握，并且能记住更长的时间。做笔记的过程，就是将信息从短时记忆转入长时记忆的过程，让记忆更长久。

另外，做笔记是整理繁复冗杂的信息，把知识进行简化、归纳和整合的过程，就像给大脑开了"外挂"，笔记本就是你的"第二大脑"，帮助你记住更多的内容。

（2）给大脑减负，解放大脑。

做笔记，让你学得更聪明，而不是更用功。

想象一台计算机，它的处理器容量有限，在同时打开多个软件时，计算机的运行速度难免会慢下来。大脑也是一样，学会做笔记，就是通过科学的方法给大脑"减负"，让你的大脑里有更多的空间去处理学习和工作任务。

（3）整理思维。

一次有人拜访费曼时，看到他正在纸上写下自己的思考过程。费曼解释说，他在思考时需要在纸上边写边想，他对工作产生的想法和观点并不是在大脑中完成的，而是在纸上完成的，可见写下来的重要性！

做笔记能帮助思考，厘清思路。也许面对一道难题或一个决策时，你的大脑一团乱麻，但当你试着把它们写下来时，你会发现一切突然变得清晰了。做笔记也能促进灵感、创意的产生，你会发现写着写着，突然就灵光乍现了！

（4）输入难，提取易。

我们把信息存储到大脑里的方式越困难，当要提取这个信息时就越容易。也就是：输入难，提取易。

例如，如果你在复习时只是拿着课本翻看，输入知识的方式就是"看"。这个存储信息的方法太过简单，所以，当你要回忆看过的内容时，往往想不起来看了什么，这就是提取困难。输入的方式太过简单，会造成需要提取知识时非常困难。

但是，如果你把复习的方式换成"边看边写"，把书中的内容总结成自己的话，并写到笔记本上。这个输入方式就增加了难度，你需要对内容加以思考和总结，比刚才单纯地看书要费时费力，但通过这个动作，你把这个知识内化成了自己的知识，在需要提取时，就更容易回忆起课本中的内容。

输入方式越难→提取越简单

所以，当我们在学习知识时，那些看似有点费劲的方法，却是真正有效的。比如，做笔记，就是通过有难度的方式存储知识，从而让我们在运用这些知识时提取得更容易。

如何正确做笔记

每个人都有自己的做笔记风格和习惯。人人都会做笔记，但不是人人都会正确地做笔记。

✦ 低效笔记 vs. 高效笔记

如果你的本子上写得密密麻麻，复习时找不到重点，甚至写完的笔记再也不看，那你的笔记大概率是低效笔记，对提升记忆和效率并没有什么帮助。

传统的笔记方法以线性的叙述方式为主，是点与点之间的单项联结，不容易促进联想和发散思维。

埃克塞特大学的一位学者，曾做过一个实验，测试学生通过不同的做笔记方式学习，能复述出多少刚学过的内容。

根据几种不同的笔记方法，复述效果从差到好依次是：

（1）原封不动、按照顺序记录；

（2）按个人理解和学习习惯记录（不一定按顺序）；

（3）用句子总结后，按顺序记录；

（4）用句子总结后，按个人理解和学习习惯记录；

（5）按关键词记录；

（6）按关键词和个人风格记录。

根据这个研究结果，我们可以发现，在做笔记的过程中，将内容进行自我总结和提炼，之后按照符合个人理解习惯的逻辑顺序进行记录，能够更好地帮助复述。

✦ 写什么，不写什么

做笔记是对原文的浓缩改写，不是照抄课本或老师的板书。为什么笔记一定要用自己的话来写？

我们以为听过了、写过了就是理解了，但其实并没有真正地学会，知识只是浅浅地漂浮在大脑上方，等你真的需要运用时，你会发现什么也想不起来。

所以，只有当你用自己的话复述时，才是在大脑中对这个知识进行加工，从而将其内化。正如使用费曼学习法时，你在复述时如果遇到了卡壳的部分就说明并没有理解，只有你能完全用自己的话将某个知识讲明白，才是真正学会了，这个过程才是学习。很多时候，如果不写下来或者整理出来，学习就是无效的。

✦ 思考 0.1 秒

在做笔记的时候，下笔的前一刻一定是思考的时刻，是在大脑里把知识点进行排列、梳理和改写的时刻。

做笔记的过程：

听完 / 读完→思考→写下。

哪怕只是思考了 0.1 秒，也一定要有这个过程。

✦ 写之前要思考什么

（1）简化：如何用自己的话把这个内容简练地总结出来。

（2）逻辑：按照你的理解，怎么排列这个内容，按照什么顺序写自己会更容易理解。

（3）联系：思考这个知识点和哪些知识是有关联的，将其纳入原来已有的知识体系。

✦ 做笔记的时机

在课堂上或阅读时，我们可以一边听课，一边做笔记。

但更为重要的是，上课时要以听懂为前提，做笔记为辅助，在阅读时也是一样，不可本末倒置，为了做笔记而错过了当下的知识。

最有效的做笔记时间是在课后，能更好地起到复习和巩固知识的作用。所以，在上课、读书时，你可以简单做一下记录，写下重点，等在课后或读完尽快找时间把笔记补充完整。

做完的笔记要定期复习。还记得我们在前几章提到的预习、学习和复习的时间比例（预习：学习：复习——1/4 ： 1 ： 4）吗，在复习笔记中同样适用。

満分学习法之五：高效笔记法

　　高效的笔记，是将知识经过思考，用自己的话简练

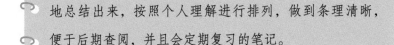

地总结出来，按照个人理解进行排列，做到条理清晰，便于后期查阅，并且会定期复习的笔记。

　　下面介绍几种非常高效、科学的笔记方法，它们将在通往成功的道路上助你一臂之力。

康奈尔笔记法

✦ 背景

康奈尔笔记法已经风靡了五十多年，它是由康奈尔大学的教授沃尔特·鲍克发明的。如今，关于康奈尔笔记格式的本子、介绍视频层出不穷。很多笔记格式也是从这种方法里演变出来的，如本子内页左侧有一条竖线的格式。

康奈尔笔记系统，不仅用法和格式非常简单，还能有效解决学习中效率低下、缺乏思考的问题。

✦ 什么是康奈尔笔记法

康奈尔笔记系统通过两条线，将一个页面分为三个区域，每个区域有着专属的功能和作用。

首先，你需要一个 A4 大小的本子或一页纸。

在纸张距离左边 6 厘米的地方画一条竖线，停在距离页面底部 5 厘米的位置，然后再从距离页面底部 5 厘米的位置画一

条横线。这就是一个完整的康奈尔笔记格式，如图 7-1 所示。

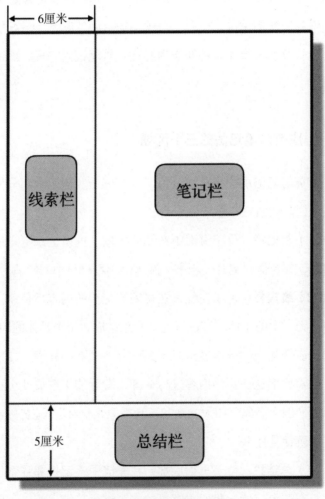

图 7-1　康奈尔笔记格式

用其他大小的纸张也是可以的，但是对做笔记来说，建议页面大小不要小于 B5，因为纸张过小，会导致做笔记过程中出现内容中断的情况，不利于梳理知识点间的联系。最好能做到一个章节或一个完整的知识内容在一页笔记内完成，而不是跨页。

✦ 康奈尔笔记法的三个区域

康奈尔笔记系统将页面分为了三个部分，这三个部分依次为笔记栏、线索栏和总结栏。

（1）**笔记栏**：位于页面中右侧的区域。这里记录笔记的主体内容，如上课时老师的板书、阅读时学习材料中的知识。

（2）**线索栏**：位于左侧，在写完笔记栏的内容后使用。用于将笔记栏中的主体内容进行提炼，总结成一个个具体的问题。例如，右侧笔记栏的内容记录了某一节地理课的知识，在线索栏，就需要把这一页的内容进行梳理，看看能提取成几个小问题，如"四大高原、四大盆地和三大平原是什么""地势的趋势和三级阶梯是什么"。

（3）**总结栏**：位于页面底部，在完成了笔记栏和线索栏后使用。在这个位置，我们对本页的内容进行总结，将这一整页笔记概括成几句话。问问自己："这页内容最重要的三个知识点是什么""如何用几句话概括本页内容"。

康奈尔笔记法三个区域的功能可以总结为：

* 笔记栏——是主体；

* 线索栏——是提炼；

* 总结栏——是概括。

我们可以发现，康奈尔笔记系统比传统的笔记多了两个步骤，一般情况下，我们在做笔记时，只会完成笔记栏的内容，很少会思考如何提炼笔记的核心或是对本章进行总结。康奈尔笔记法中的线索栏和总结栏就是帮助我们更进一步，变被动学习为主动学习，让我们站在一个更宏观和更全面的角度，思考学习内容。

✦ 如何使用康奈尔笔记法

在学习的过程中，我们要以听懂、看会为先，做笔记为后。所以，在听课和阅读时，不要大批量地做笔记，而是要先跟着老师的思路走，可以在本子上或课本上简单做笔记。学习结束后，才是做笔记的黄金时间。

✦ 使用康奈尔笔记法的四个步骤

第一步，整理笔记主体。

下课后或阅读完成后，可以用康奈尔笔记法中的笔记栏，对学习内容进行记录和梳理。

① 在每页笔记的上方标明日期、课程、单元、事件等，方便后期查阅。

② 在做笔记的过程中，用自己的话对课上和书本里的知识进行总结，要做到简练整洁，条理分明。

③ 用数字编码对知识进行排序，分点记录。可以用大小标题、符号等。

第二步，用线索栏将右边的笔记进行提炼。

线索栏不可以只写关键词或写得过于简单，因为它的作用是当你复习时，不需要看整页的笔记，只要通过线索栏里的提示，就能回想起右边记录了哪些内容，以及每个内容包括了几点知识。

例如，看到"××事件的三个历史意义是什么"，你就能回想起这部分讲了：（1）××事件；（2）它的历史意义；（3）包含了三个知识点。

如果只写"×× 事件",看到这个关键词并不会激发你更多的回忆,起不到帮助回顾的作用。

第三步,进行总结。

对本页的笔记进行归纳和概括,将其写在总结栏中。这个过程又体现了费曼学习法的精髓,只有当你真正理解了这个内容,你才能把它简练地讲明白。所以,如果遇到卡壳或者写不明白的地方,说明这是你的知识盲区,请回归课本或笔记继续学习。

第四步,定期复习。

不是做完笔记就高枕无忧了,根据遗忘的规律,如果我们不复习,学会的内容很快就会被遗忘。

图 7-2 为用康奈尔笔记法整理物理知识的示例。

✦ SQ3R 学习法,促进复习

康奈尔笔记法的另一个优势是,它的格式能有效促进复习。用 SQ3R 学习法复习康奈尔笔记,可以获得事半功倍的效果。SQ3R 学习法共分为五个步骤。

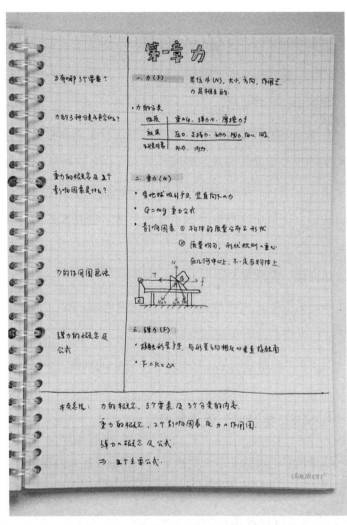

图 7-2　用康奈尔笔记法整理物理知识的示例

- S（浏览）：复习时，先用一张白纸盖住笔记栏的内容，快速浏览线索栏和总结栏。

- Q（提问）：对自己进行发问，这部分讲了什么内容？包含哪些知识点？考试会如何考？提问后进行自问自答，在不看笔记的前提下，先思考会有哪些内容。

- R（阅读）：之后拿走白纸，开始阅读笔记栏的主体内容，边阅读边思考——笔记的内容和你刚才想的有出入吗？哪些内容想到了，哪些内容没有想到？

- R（背诵）：进行背诵，可以边背边写。背完一遍，就用白纸再次盖住笔记栏的内容，进行回忆，根据线索栏里的问题，在纸上简单地写出答案。如果有没记住的部分，就回到笔记栏继续背诵，然后盖上纸再次测试，反复背诵和检测，直到完全背过。

- R（复习）：定期进行复习，可以每周、每月或在书本中每个章节结束后找时间复习。

各种各样的笔记形式的目的都是促进你的思考。由于大脑的惰性，我们总是逃避思考的过程，但这一步却是真正重要的。我们往往不会主动去想，主动去总结，主动去反思。例如，在听课、看书时，你会思考这些内容吗：把这部分内容总结成三个核心，分别是什么？怎么用简练的话概括这一段？这段内容考试会怎么考？大概率不会，因为很多时候我们的学习就像蜻蜓点水，并不深入，造成明明也学了但是成绩不理想的结果。

所以，笔记格式存在的意义就是"逼迫"你去思考，唯有你自己动脑了，进一步思考了，才能让学习有效果。

T 字笔记法

✦ 什么是 T 字笔记法

T 字笔记格式是一种适合多种学习场景，有助于总结、归纳知识点的笔记格式。

T 字笔记法就是在纸上画出一个"T"字的方法。用 A4 或 B5 大小的本子，在距离页面顶部 2 ~ 3 厘米处画一条横线，然后在这条横线中间向下画一条竖线，将页面一分为二，如图 7-3 所示。

✦ 怎么使用 T 字笔记法

在页面顶部的这一行写上标题、章节或课本对应的页码。

然后下面写笔记的正文部分，书写的顺序是从上到下、从左到右。

图 7-3　T 字笔记法

使用时，对于每一部分内容先写一个小标题，用荧光笔标出，然后在这个小标题下依次罗列知识点。尽量把句子浓缩成一行，也就是整个页面宽度的 1/2，如果一句话太长，就要把它拆分成几个点，分点罗列出来，如图 7-4 所示。

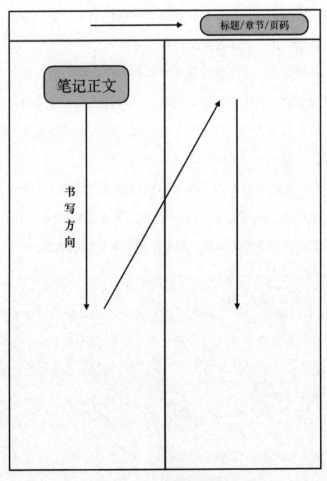

图 7-4　T 字笔记法的使用

✦ 组块原理

T 字笔记法把纸面分割成两大块，以前一句话要写满一行，现在只能写半行，这就会让你有意识地把句子缩短，并且让一个内容集中在一个区域内。

在视觉上，文字被分成一个小块一个小块，可以让文字内容更加紧凑，看上去也更加整洁。一整页的笔记很直观地被分成了几个大的板块，复习时一看就知道这一页纸里包含了哪些内容。

T 字笔记法的原理其实就是组块原理，如图 7-5 所示。在传统笔记中，句子过长，文字过多，导致我们在阅读笔记时，一下子要处理太多的信息，增加了理解和记忆的难度。

> T 字笔记法，则是将笔记的内容通过分模块、分区域的形式进行展现，将庞大繁杂的信息分成了一个个小组块，进行了"组块化"，减少复习时阅读的难度，也有助于提升记忆力。

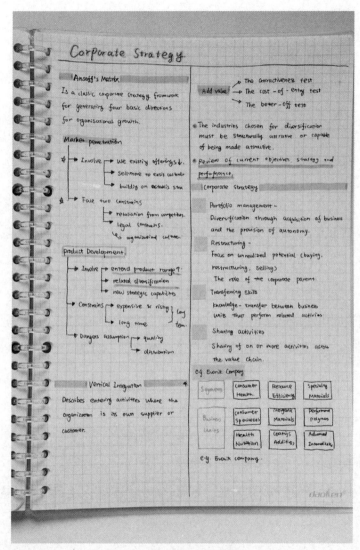

图 7-5　用 T 字笔记法做笔记

195

全科笔记法

✦ **什么是全科笔记法**

还有一种笔记格式，非常适合高效复习，可以帮助你快速找到重点，还兼顾了笔记本和错题本的功能，文科理科都适用，那就是全科笔记法。

同样使用 A4 或 B5 大小的笔记本，在距离页面顶部 6～7厘米的位置画一条横线，然后在上半部分画两条竖线，进行三等分。在下面的部分画一条竖线，将页面一分为二，如图 7-6所示。

全科笔记法将一个页面分成了三个主要区域。

（1）知识区。上面的三个区域是知识区，用来总结本章的重点概念、公式、理论等。

（2）笔记区及题目区。下面的部分用来记录笔记的主体内容和对应的练习题。

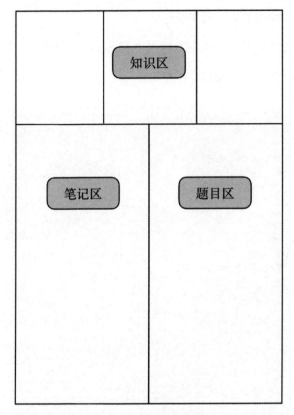

图 7-6　全科笔记法的格式

✦ 物理 / 数学 / 英语 / 语文科目如何做笔记

我们分别来看在物理、数学、英语、语文不同科目中如何使用全科笔记法。

（1）物理笔记、数学笔记。

如图 7-7 所示，在左上角写上标题后，上面区域的三个格子分别罗列本章的知识点汇总。

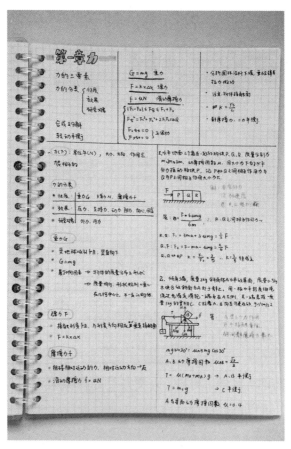

图 7-7　用全科笔记法做物理笔记

- 左边的格子整理名词、关键概念、理论名称，注意只写名称即可。

- 中间的格子写这一章涉及的公式、理论或模型。

- 右边的格子整理零碎的知识点，如错题或课本上一些需要记忆的知识。

下面的页面，可以从左往右记笔记，使用方法类似于 T 字笔记法。这样记录可以让内容更紧凑，还能让内容模块化。一页笔记，一眼看过去就知道包含了几个知识点。

还有另一种用法，左边记录笔记的主体内容，如理论、书上的知识和老师的板书等，右边记录这个理论或知识点对应的习题，写下题目及解题思路。

这是一种向上思考的笔记方式。知识区帮助你主动总结这一章的重点，把本章需要集中背诵的点都汇总在了一个区域，复习的时候可以提高背书效率。

复习时这么用：

复习的时候，先看知识区就知道本章的重点内容有哪些，然后再逐步阅读笔记区的内容和题目；

考试前还可以快速地过几遍知识区里的公式、概念，加深记忆。

这种方法对学习数学也很适用。上面的格子用来记公式 / 概念，下面左侧的笔记栏记录题目，右边整理解题思路和对应的知识点，如图 7-8 所示。

（2）英语笔记。

用法一：在知识区的三个格子分别记录这一章的单词、语法、短语和知识点。下面的笔记栏用来做笔记。

用法二：整理阅读理解题目时，用知识区记录单词、短语和解题方法。笔记栏的左侧抄写原文句子，右侧用来翻译、分析和解释。

（3）收集语文写作素材。

在整理语文写作素材时，我们要逐步积累好的词句，并将其集中整理到一起。量变形成质变，坚持积累，一定会有所提升。

知识区的这三个格子，可分别记录不同的写作主题，如"追求理想""坚持""民族情怀"。

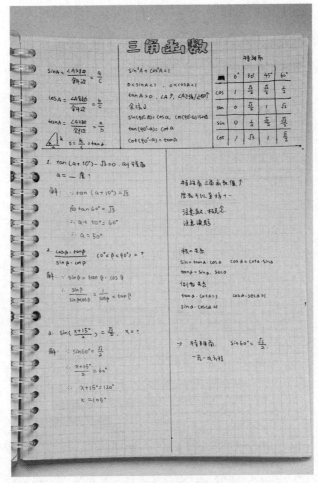

图 7-8　用全科笔记法学数学

然后写下这个主题的一些参考题目，如涉及"民族情怀"的参考作文题有双奥之城、文化自信、自立自强等。

下面笔记栏的部分，用来收集与这几个主题相关的素材，如好的例子、名人名句、古诗、满分作文开头等。

在回顾素材的时候，我们就能很清晰地看出每几页涉及了哪些主题。在考试前，我们可以重点背诵一些好用的例子和名人名句。

实操：将笔记格式运用到学习和工作中

　　不管多好的方法，只有真正用起来才是你的。图 7-9 至图 7-11 分别是三种笔记格式，现在就开始做笔记吧！尝试用一个格式整理一个内容，三个格式分别整理不同的内容，如用康奈尔笔记法整理本书第 1 章的内容，用 T 字笔记法整理你的英语笔记。

　　然后找出你用得最得心应手的那一个格式，在今后的学习和工作中用起来！

图 7-9　康奈尔笔记法格式

图 7-10　T 字笔记法格式

图 7-11　全科笔记法格式

第 **8** 章

重复力——用刻意练习
开启天才之路

人人都能成为高手

柏林爱乐乐团

世界顶级的交响乐团之一——柏林爱乐乐团，在国际上久负盛名。乐团以其严谨、超高水准的演奏及对作品的诠释而闻名。

到底是什么样的人才能够在这个交响乐"天团"中演奏？

只有世界上最优秀的演奏者才能进入乐团，成为团员之一。柏林爱乐乐团包揽了各国顶尖的小提琴家、钢琴家、指挥家等演奏者。每一位表演者都是其领域里最杰出、最出类拔萃的人。

我们继续发问，要如何成为这样一个顶尖的演奏者并进入乐团呢？

幸运的是，还真有这样的研究，并给出了详细的答案。

美国佛罗里达州立大学心理学教授安德斯·艾利克森曾做过这样一项研究，他找来了一批来自世界顶尖艺术学府——德国柏林艺术大学的小提琴学生，并根据学生的演奏水平将其分成了三组。

- 第一组：这组学生演奏水平超高，非常杰出，有潜力成为未来的音乐巨星，这组学生被称为——顶尖组。

- 第二组：这组学生表现优秀，但和第一组比没有那么得突出，未来成不了超级巨星，这组学生被称为——优秀组。

- 第三组：学生的演奏水平过关也很优异，但没有那么得优秀，这组学生被称为——优良组。

他开始研究是什么因素造成了这三组学生在演奏水平上的差异。

艾利克森教授发现，这三组学生的共同点如下所述。

首先，所有人都在平均 8 岁左右开始系统地学习小提琴，接受标准训练，并且到目前都有 10 年以上的演奏经历。

其次，这三组学生都认为以下三点对演奏水平提升有帮助：

- 独奏练习，也就是一个人专注地进行演奏训练对技能的提高最重要；

● 和团队一起进行练习、上课和演奏；

● 睡眠充足，很多学生在下午都会打盹儿。

✦ 练习时长的差别

接着，艾利克森教授发现了非常关键的一点。

那就是，这些小提琴学生在日常训练和练习演奏方面基本
一样，唯独有一点不同，就是专注练琴的时间总和。这三组学
生自学琴以来的总练习时长分别如表 8-1 所示。

表 8-1　总练习时长列举

小组	总练习时长
顶尖组	7000 小时
优秀组	5000 小时
优良组	3000 小时

可以看出，顶尖组的学生练习时间最长，而且超出其他组
的人很多。也就是说，表现最杰出的这部分学生，就是每天持
之以恒地练习，经过长年的积累，总练习时长最多的人。

我们粗略估算一下，如果一名学生每天复习的时间为

15 ～ 30 分钟，一年下来总共是 91 ～ 183 小时；另外一个学霸每天花费 2 ～ 3 小时复习，一年下来就是 730 ～ 1098 小时。同一部教材，学霸可能看了好几遍并且烂熟于心，而那名学生可能只来得及看一遍，而且还是磕磕绊绊看完的，这就不难解释为什么学霸能"轻松"考出高分了。

学会重复

为了继续完善上述的实验，艾利克森教授还找来了柏林爱乐管弦乐团和柏林广播交响乐团的中年小提琴家，即已经成为最杰出的演奏者并进入最高音乐殿堂的人。刚才研究中的顶尖组学生，如果继续保持练习，未来将有机会加入这些乐团。

他发现这些中年小提琴家，同样是在 18 岁前平均累积了7000 多小时的练琴时长。

因此，研究者得出这样的结论：如果想成为行业中最杰出、最出类拔萃的人，就需要成为练习时长最长的人。

> 顶尖大师／最杰出的人
>
> ＝刻意练习＋花最多时间练习的人

所以，我们发现了这个惊人的秘密：成为天才是有公式的！

一个同样有趣的真实案例发生在匈牙利的一个家庭。这个家庭有三个女孩，这三个女孩都在国际象棋上天赋异禀，取得了世界顶级的荣誉，她们就是著名的"波尔加三姐妹"。在同一个家庭出现三位象棋大师非常罕见，她们是国际象棋界传奇般的存在。

其实，这一切都源于她们父亲的"精心设计"。在三姐妹幼年时期，父亲就开始有意识地引导她们进入象棋领域，并通过心理学、教育学等展开技能训练，每天训练她们下棋的时间长达几小时。

没有所谓的"天才"，只有经过无尽的练习，才能有机会成为卓越的大师。即使是"神童"莫扎特，也需要进行上千个小时的练习。这就是安德斯·艾利克森博士和罗伯特·普尔博士提出的"刻意练习"，所有人都需要花大量的时间磨炼技艺，只有这样才能达到卓越。

✦ 重复力

从前面的天才公式中我们可以看出，想要成为杰出的人，就要不断地重复练习，有技巧、有方法地去重复练习。

不断地重复，就是在大脑中建立新的神经回路。我们在前

214

文中提到过，神经回路就像小房子之间的道路。大量的重复，就相当于不断地刷新这些大脑内的"道路"——道路走的次数多了就熟悉了，不需要开导航也能到达。久而久之，就形成了新的神经回路。想要学会什么东西，想要有新的变化，这是一个必备的环节。

任何事，当你开始行动时，那个初始的行动就是 1，接下来的坚持和重复就是跟在后面的 0，不断地重复就是在不断地增加基数。

> 初始行动是 1，重复力就是后面的 0。不断重复才会得到 1 000 000……

如果做了一次、几次就放弃了，那就永远停留在了 1，只有不断地重复下去才会得到 10、100、1 000 000 000，甚至更多。

也许刚开始从 0 到 1、从 1 到 10，看不出太大的变化，这也是为什么我们在最开始的阶段最容易放弃。但随着重复的次数越来越多，持之以恒地行动下去，巨大的变化会在一瞬间产生，这就是 1000、10 000，甚至更多……

心理学家约翰·海耶斯也发现，大部分作曲家，从他们开始学习音乐时算起，需要 20 年才能写出真正卓越的乐曲，普遍不会低于 10 年。一般来说，许多作家都是经过 10 年的写作，才能写出他们最杰出的作品。

所以，想要杰出，少不了重复和时间的积累。

很多时候，我们只看到了一个天才的突然降临，或是一位科学家的灵光乍现，让我们对天赋、灵感充满崇拜和迷恋。但与此同时，我们忽略了这背后的长期积累和付出。

例如，英国剑桥大学的詹姆斯·沃森和弗朗西斯·克里克，在 1953 年发现 DNA 是双螺旋结构的。在这个灵感到来前，他们已经花费了大量的时间去研究和思考，并在过程中不断突破，这个所谓的"灵感"其实是日积月累形成的产物。

> 重复力就是不断地去行动的能力，不停地行动就是在增加成功的概率。当重复的次数足够多，成功的概率也会随之不断提升，当达到一定量时，成功就出现了。

大自然遵循着春种秋收的规律，我们的人生又何尝不是呢！选择了属于你的路，日夜兼程，用时间打磨光芒，对自己有耐心，对时间有耐心，你一定会收到理想的结果。

所以，在无尽的练习面前，天赋显得一文不值。达尔文曾在上学期间表现不佳，甚至从医学院退学，但这并未阻碍他写出《进化论》这样影响人类历史的著作；爱因斯坦早年并没有展露出数学天赋；著名导演斯皮尔伯格曾经没有考上电影学院；著名航空公司维珍的老板从小患有阅读障碍症，高中就辍学了。

不光是这些名人，普通人也是一样。曾有一个女孩，被学校认为是智商极低的学生，但通过掌握了学习技巧，她的智商不仅提高到了 160，还以优异成绩从大学毕业。

所以，不要再找什么"不可能"的借口了，给自己一个坚持下去的理由吧！

刻意练习是什么

既然我们已经掌握了天才公式，即最杰出的人＝刻意练习＋花最多时间练习的人。那么，其中的刻意练习是指什么，又如何达到？

"刻意练习"是由心理学教授安德斯·艾利克森和科学、医学作家罗伯特·普尔提出的理论。

✦ 刻意练习的特点

一般的练习停留在机械重复的阶段，不会给学习者带来实质的进步，刻意练习不同于一般的练习，主要包含以下几个特点。

（1）科学的训练方法。

有一套成熟标准的练习体系和方法，比如，对于钢琴学习，已经有一套完整的评定等级，以及相对应的学习材料和教学方法。根据这套练习体系，学生由老师进行指导和监督，通过上课—布置练习—完成练习的模式，不断进行训练。

（2）有挑战。

学生在学习过程中需要不断地面临挑战。这些挑战不能太过简单。练习者通过小步骤地挑战自我，走出舒适区。

（3）有目标。

设定合理且具体的目标，制订计划去完成目标。

（4）自主性。

学生需要自主、有意识地去完成任何行动。

（5）即时反馈。

在学习和练习过程中，学生需要得到老师的反馈，或在练习中对自己进行监督并产生反馈，再根据反馈及时调整。

（6）心理表征。

在练习的过程中，学生会产生心理表征，应不断进行改进。

（7）对比。

和自己过去的情况进行对比，有针对性地持续改进。

> 满分学习法之六：刻意练习
>
> 刻意练习就是带着目的，有目标地练习，时刻关注需要调整的地方并加以改进，并达到一定量的练习时长。

✦ **有目的地练习**

我们不难看出，如果花费数十年通过同一种方式学习技能，并不会提升，只会让自己原地踏步。真正能激发进步和实现改变的练习方式是"有目的地练习"。

刻意练习和机械的重复相反，后者是企图通过更多的时间带来提升，但并不会带来改变。这就是为什么在现实工作中，有些人在其领域工作年限虽然很长，能力却不及刚毕业的学生，因为这些人在每天的工作中并不是有目的地进行提升，而是对工作熟悉以后，不再进步，只是在重复，这样会导致自我进入"自动化状态"，虽然做得时间久，但并不一定就经验充足。相比之下，一些刚从学校毕业的学生通过每天学习大量的课程并不断实践，接触的知识也更加与时俱进，反而更灵活，能力更强。

在练习的过程中需要不断挑战自我，这里说的挑战并不是要故意尝试更难的事情，而是逐步增加难度，或者尝试不同的方法，或者为了达成目标做不同的事。例如，在学习小提琴的过程中，老师会让学生逐步加快演奏速度，从慢速开始，每完成一个速度的演奏，就将节奏加快一点，这些挑战都在学生可接受范围内，一点点地增加难度，直到学生达到标准。

当你遇到问题了或到了瓶颈期，被卡住了，不要在这个难题上死磕，可以换一个角度，换一种方法，同时分析困难背后的原因，尝试从不同的方向切入问题，把目标拆分成几小步，一步步去攻破。

✦ 长时记忆

经过大量的刻意练习，我们会把关于这项技能的"知识组块"长时甚至永久地存储在大脑中，这个过程就是形成长时记忆的过程。

正是长时记忆中这些"组块"的数量，决定了一个人是初级的新手还是卓越的大师。

我们提到过在国际象棋大师的大脑中，一般会存储 5 万 ~ 10 万个有关棋局的组块，而形成这些组块需要 10 年左右的练习。这些有关棋局的组块，不是简单地记住棋子的位置，而是记住策略、路线和招数等。所以，每当在下棋时，他们可以看着棋盘，充分调动大脑中存储的"棋局组块"进行推导。

举个例子，当一个孩子从四五岁时开始练习钢琴，在合理训练的前提下，到二十四五岁时已经积累了 20 年的组块，这时正好又是可以开始从事艺术生涯的阶段，因此很有可能会获得更优的表现。

通过有技巧、有目的的大量练习，可以提升大脑中存储的该领域的知识组块。

刻意练习的核心：即时反馈

在学习和练习的过程中，得到即时的反馈非常重要，即每完成一项任务或一个阶段的学习，需要获得即时且直接的反馈，获知这样做是对的还是错的。有了反馈，才知道自己正在做的事是否正确，是否达标了，如果没有，哪些方面需要改进。如果不知道自己在哪些方面不足，不了解原因，就会变成机械复制原来的动作，而且很可能在重复不正确的动作。

一味地机械重复是无法带来提升的，通过反馈、有目的地重复才能带来变化。

例如，在学习钢琴时，老师给学生布置作业，在下一堂课中进行检查，根据学生的练习情况给出反馈，并对其进行纠正，学生将得到的改进方法运用到接下来的练习中，这样才会得到提升。相反，如果学生在学习的过程中得不到纠正，就很难得知自己做得对不对，因此很难提高。

✦ 自我练习 3F 原则

> 刻意练习的研发者提出，在自我练习中要遵循"3F原则"，即专注（Focus）、反馈（Feedback）、纠正（Fix it）。

在练习的过程中，我们应将技能拆分成小的步骤进行反复练习，进行分析和对比，找出不足之处，再进行改进，以此循环往复。

当在训练的过程中遇到瓶颈期时，有两种解决方法。

（1）第一种方法，变换练习方式，在不同类型的训练中切换，通过新的通路去激活大脑。比如，在健身的过程中，我们可以通过改变器材或变换训练日程来突破瓶颈。

（2）第二种方法，找出哪里存在问题。可能只是这项技能的某个环节或某一步骤在影响你，找到那个"停滞点"，进行改进。

所谓的重复力，不是"1+1+1+1"这种机械的复制，而是要在不断改进中重复、在不断反思中重复，哪怕每一步只比上一步提升了 1%。只有这样的重复才是有意义的，才能促进我们的进步，才能在积累中实现质的改变。

✦ 无止尽地练习

很多人把德约科维奇形容成一个机器人，在网球场上，他如同战神附体，拥有钢铁般的意志，可以一连几小时的"大战"，仿佛永远不会累。因为在日常训练时，他都会把每一场训练发挥到极致。每当德约科维奇训练了几小时，已经感到精力涣散时，他还会用尽全力，再练习 5 个发球，把自己的体能发挥到极限。

德约科维奇的目标一直是在网球界保持世界第一。在训练季的每一天，他几乎重复着一样的日程安排，他每天的睡眠时间为 8 小时，白天除了有 2 小时的机动灵活时间以外，剩下的时间几乎全部用来训练。

在白天的时间里，他只做这三件事：

（1）打网球；

（2）训练，为了打好网球；

（3）合理饮食，为了打好网球。

而且每天如此。

正如他自己所说，"我生命中的每一天，都全部投入在让自己保持世界排名第一这件事上。我只能严格自律，没有一丝松懈的空间"。

奥运会自行车项目冠军宫金杰也曾说过，在日常训练中，她会全力以赴完成每一堂课、每一个练习，每一天她都做到自己最好的水平。当她知道自己已经做到了不能再好的时候，她就能很从容地面对比赛。

为了实现目标，你准备好付出这样的努力了吗？

塑造"天才大脑"

✦ 心理表征

还记得开篇我们对天才是否存在的讨论吗？思维导图的发明者认为，你不是只有有一对堪为达官显贵或者从事艺术事业的父母，才能具有某个领域的天赋。我们可以凭借自己的能量，找到打开个人潜能的钥匙。

经过多年的刻意训练，人在大脑中积累了关于某个领域大量的心理表征，正是这些心理表征，让我们记忆大量的内容，判断和应对各种各样的场景，这区分了真正的大师和普通人。心理表征的作用是对信息进行组织和解释，找出其中的规律，建立联系。

✦ 什么是心理表征

当我们在思考、观察和行动时，在大脑内出现的对应的物体、信息、图像和动作等，就是心理表征。

比如，当说到"狗"的英文单词时，你会在大脑里出现单词的拼写 d-o-g，还会在大脑中浮现出狗的形象，这些反应就是心理表征，它们也是通过学习和练习积累在我们的大脑中的。

再比如，网球天王费德勒在赛场上关于球是否出界看得比裁判还准。很多次，他打的球贴着边线过去了，裁判界定他的球出界，但费德勒会通过挑战鹰眼回看球是否越线，结果是几乎每次都是在界内，有时只是微微擦了一点边线。因为费德勒通过训练积累了大量的关于击球的心理表征，当他击球的一瞬间，他已经能预测出球的走向和落点。

刻意练习就是通过有目的地练习，在大脑中建立有效的、有质量的心理表征。由于我们的大脑本身具有适应能力，因此通过大量的训练，就可以积累心理表征。

✦ 神经元

每个人都有很多脑细胞，其中每一个脑细胞又可以和其他的脑细胞产生连接，所以这种连接可以说是巨大无比的。你的脑细胞数量和世界上任何天才、运动员、科学家、音乐家的数量是一样的，所以你没有理由给自己设限。

神经元就是负责思考的脑细胞，在你的大脑内，这些神经元每时每刻都在进行新的连接，甚至会长出新的神经元。每当这样的连接产生，你的大脑中就形成了一条路线，如从神经元 A 通往神经元 B。正是这些连接建立了我们的知识体系和认知方式，并且影响我们做出反应。

> 通过刻意练习，可以使大脑内的回路发生改变，不断建立新的连接，让大脑内的"城市路网"越来越密集、越来越发达。

✦ 锻炼大脑的"肌肉"

我们在日常生活中从事体育锻炼，如果着重练习上肢，手臂上的肌肉就会变得发达，如果着重练习下肢，腿部的肌肉就会变得发达。

对大脑来说也是一样的，把大脑想象成一块肌肉，经常锻炼，肌肉就会健硕，如果缺乏锻炼，肌肉就会流失。我们平时的思考、练习和行动就相当于在锻炼大脑的"肌肉"。思考和学习得越多，大脑就越灵活，相反，如果整日不思考，我们的大脑就会像生了锈一样，久而久之，大脑的"肌肉"都流失了，我们就变成了一枚"沙发土豆"。

俗话说，脑袋越用越灵光。长期的训练和学习，会让大脑中对应的部位发生改变。练习的过程对大脑来说是一种挑战。我们的大脑都有一定的适应能力，面对挑战，会接受并且逐渐适应这种变化，这个过程就是改变大脑内对应区域的过程。例如，数学家与非从事数学领域的人相比，大脑中"顶下小叶中的脑灰质"更多，而这个区域正好掌管着算数和空间辨别等相应能力。

你的大脑里藏着无限的能量和巨大的潜力，快把你的大脑用起来吧，不要白白浪费了老天赐给我们的礼物。

✦ 培养好习惯

一年由一天天组成，一天又由一个个习惯组成。习惯就是最微小的行为单位，看似不起眼，却对人生起着关键作用。

面对一个宏大的目标，不知道如何下手十分正常。我们要做的是，把目标拆分成行动，再将行动变成习惯，之后将一个个微小的习惯融入生活，让这些习惯变成一个个齿轮，在潜移默化中推动人生的蜕变。

有些人看似一步登天，他们的人生一下子实现了巨大的改变，那是因为前面已经走过了 999 个小台阶了，正是这些积少成多，让量变形成了质变。

在量变形成质变的过程中，习惯的积累带来的往往不是循序渐进的改变，而是突如其来、意想不到的改变。当你每天坚持健身 20 分钟，第一天不会看到什么变化，第二天、第三天甚至第十天都不会看到变化，但也许到了第三十天时，突然间你会发现自己的身材变得健硕了，肌肉线条显现出来了。针对坏习惯也是一样，如果你沿用低效的学习习惯，一两天也许和身边的同学看不出差别，但一个学期过去了，你们的成绩就会拉开很大差距。

水滴石穿，冰冻三尺非一日之寒，也许前 100 个流下的水滴都没有带来变化，但到了第 101 个滴下时，突然间石头就被击穿了。这正是由于前面的积累，才带来最后的改变。

我们要通过养成好的习惯建立人生系统，这里的人生系统包括以下三个。

（1）生存系统，即身体和心灵健康。我们需要培养早睡早起、健康饮食、定期运动、关注心理健康等好习惯。

（2）工作 / 成长系统，即发展事业和学业，实现自我成长的系统。我们需要建立良好的认知、高效学习和工作方法的习惯。

（3）关系系统，即家庭关系、感情关系和人际关系的系统。我们需要培养沟通、交际、表达等方面的习惯。

✦ 如何养成好习惯

我们可以通过记录的方式培养好习惯，做习惯打卡，当天完成了就打个钩，一般坚持 20 多天，习惯就养成了。在刚开始时最容易放弃，即使有几天没能按时完成也不要紧，我们可以给自己留一些缓冲时间，再继续打卡追踪。

我们还可以将想要培养的目标习惯与现在已有的习惯建立连接，让目标习惯"搭上顺风车"。例如，你想要培养听英语的习惯，目前你已经养成的一个好习惯就是每天早晨按时刷牙，那就把听英语这件事和刷牙建立联系，如边刷牙边听英语，或者刷完牙就立即听英语，因为刷牙已经成了不会变动的事，所以听英语一旦和这件事建立连接，也就不需要耗费太多精力去完成，这个习惯也就自然而然地养成了。

实操：练习追踪表

我们已经了解了刻意练习的重要性，那么，如何把练习变成一个可以持之以恒、每天重复的事情呢？

表 8-1 所示的"练习追踪表"，可以对我们期望达成的技能进行记录和跟踪，让我们非常直观地看出每日的完成情况。

✦ 第一步：定技能

"练习追踪表"分为两个部分，上半部分为目标区域，我们可以在这里写下自己想要练习的项目，如"练习钢琴"，然后写下要学习这项技能的要求——每日、每周需要做哪些练习，并且要具体到每天练习多久，每周上几次课，如"每天练习钢琴1 小时，每周上课 1 次"。

✦ 第二步：定目标

接下来制定目标。目标分为短期目标和长期目标，短期目

表 8-1　练习追踪表

练习追踪表

练习项目 ————　　技能要求 ————　　其他 ————
短期目标 ————　　长期目标 ————

	周一	周二	周三	周四	周五	周六	周日

标可以是半年内或一年内的目标，如"年底完成等级考试"，长期目标可以是更为长久的目标，即五年内或十年内的目标，如"钢琴达到演奏水平"。

✦ **第三步：每日打卡**

表格的下半部分是一个日历，我们可以以月为维度对练习进行追踪。

在日历左上角的小方格里写下当月的日期，然后每天进行记录。记录的内容如下所述。

（1）当天练习的完成情况，如"练习钢琴 1 小时"即完成了当日的技能要求。

（2）学习中的反馈和反思，包括在练习钢琴的过程中遇到了什么困难，有哪些地方没有学会，以及如果当天没有完成任务，那么是什么原因造成的，明天如何改进。例如，发现坚持弹琴 1 小时很容易走神，但如果把时间拆分成上午弹琴 30 分钟和下午弹琴 30 分钟，则更容易完成。

反思的环节非常重要，因为我们要有目的地进行练习，而不是盲目地重复。成功不是一朝一夕就能实现的，需要长期的积累和准备，不要小看每一天的行动，正是这些小小的动作，帮助你铸成成功的大厦。

第 9 章

情绪力——用信念法则
创建幸福人生

情绪 ABC 理论

把自己放到更大的视角

想象你现在是上帝视角，俯瞰着自己正坐在每天都会去的地方，可能是每天上课的教室，或者每天上班的格子间，周围有着固定的那么几个到几十个的同学或同事，来来回回做着他们的事。

这时，让我们把视角拉远，拉到整个学校或者整个公司的视野，想象你飘在空中俯瞰整个学校或公司，也许是有上百个人的学校或公司，只能看到一个个小人影，你会发现自己已经淹没在人群中，早就看不到自己了。

我们再将视角拉远，拉到地球的维度，你现在漂浮在太空中俯瞰着整个地球，这里有将近 200 个国家和 80 亿人口，你不光看不到自己，看不到你的学校或公司，甚至连你所在的区域和城市都很难从地球上找到。

我们继续拉远视角，站在宇宙的视角俯瞰整个银河系，连地球都变成了一个小小的球体。

地球上每天都在发生着各种各样的事情，充斥着人类的各种声音。在这里，人们生老病死、发展科技、爆发战争……

宇宙有 100 多亿年的历史，地球有 46 亿年的历史，人类的平均寿命约有 75 岁，用人类的寿命比上宇宙的年龄，甚至占不到亿分之一。如果把宇宙的年龄比作人的一生约 75 年，那我们的存在仿佛只有一瞬间。那些让你在意的事情、让你高兴的事情、让你不高兴的事情、让你担心的事情都将不复存在，你终将会消失。你的家人、朋友、同事，你认识的、不认识的人都会消失，而且就像仿佛从未出现过一样。

无论在地球上发生了多么大的事情，放到宇宙维度仿佛都不值得一提。对你来说天大的事，对宇宙来说约等于不存在。

但人类并不渺小，我们的人生也并不是那一瞬间，而是由无数个瞬间组成的。每一秒都十分珍贵，好在我们都拥有一段时光，那么，我们怎么让这一生过得丰富精彩、此生无憾呢？

✦ 情绪 ABC 理论

"他不爱我了""某个同事真让人心烦""××事情到底该怎么办"……我们人生中发生过的、正在发生的和将要发生的事情无时无刻不在影响着我们，仿佛任何事情都能影响我们的情绪，让我们陷入思维的泥潭无法自拔。为什么生活中总有这么多烦心事呢？

请问，到底这件事本身就是一件恼人的事，还是我们赋予它恼人的意义？

事实上，我们的情绪产生遵循着这样一个过程。

第一步，遇到事件。当我们遇到某个事件 A，这个事件可以是任何事，如上班时遇到堵车，考试得了满分等。

第二步，做出评价。我们会在大脑中对这件事做出评价 B，我们会评价这件事是好是坏，是对是错，是让人开心还是让人伤心等。这个评价形成的过程来自我们的信念和认知。

第三步，产生情绪。大脑会根据这个评价得出结果 C，如果给出的评价是这是一件令人烦恼的事，我们就会产生焦虑、烦躁等负面情绪，如果给出的评价是这是一件令人开心的事，我们就会产生快乐的积极情绪。

情绪产生的过程：

A（引发情绪的事件）—B（大脑对事件做出评价）—C（结果——负面或正面的情绪）。

因此，我们遇到的随机事件 A，会让我们产生评价 B，然后根据 B 得出了情绪结果 C。

我们可以看出，在情绪 ABC 形成的过程中，我们无法控制遇到的事情，因此 A 是无法改变的。而结果 C，也就是产生的情绪，来自 B 产生阶段对事物的评价，无论负面的还是正面的，都是无法改变的。

因此，唯一能改变的是 B 产生的阶段，即我们如何看待这件事，如何对事物做出评估。正是这个环节，决定了我们会怎么想、怎么做。我们的情绪其实是最后一个环节，是我们对事物产生的思维反应。

例如，在公司开会时，一位同事反驳了你的观点，你将这一事件评价为同事对你有敌意，那么你就会产生愤怒的情绪。但是如果你将其评价为"同事提出的意见是否中肯，如果中肯我该如何改进"，你就不会产生愤怒的情绪。

情绪力是什么

　　"情绪是身体对思维的反应。"

——埃克哈特·托利

　　情绪是信念产生的结果，任何负面的和正面的情绪，都是由我们自己创造的。情绪来自内在，而非外在。

　　情绪力，就是要学会觉察、控制和转变内在的感受和思维，从被情绪控制到能掌控情绪。并不是说有情绪就是不好的，情绪多种多样，高兴、伤心、惊喜、恐惧……情绪的出现有它的意义和作用，也对我们有着启示作用。为什么你会紧张不安？为什么这个人 / 这件事让你很恼怒？搞明白你产生这些情绪背后的原因更有价值。

　　信念就是我们每天所思所想的东西，是我们对事物的认知和思考。面对同一件事，不同的人会产生不同的信念。所以，**信念影响了情绪，调整信念就可以调整情绪。**

　　情绪有多重要呢？我们每个人精力有限，如果在做一件事时，我们同时还要处理自己的情绪，那必然无法把全部的精力都投入完成任务中。例如，在复习考试时，由于太过担心考试的结果，内心非常恐慌，就会导致我们把大部分精力都用来消化害怕和紧张情绪，最后能分给学习的精力就变少了。

很多人在遇到事情时，容易陷入情绪的旋涡，别说什么事情都做不了，连精神都进入内耗状态，心力交瘁。这就如同你马上要上战场了，但手都握不住枪，又怎么瞄准敌人呢？所以，处理不好情绪是很影响工作和生活的。

每个人都会面对困难和挑战，都会感到紧张、不安、沮丧、恐惧，也都有难以保持专注的时刻，即使是体坛冠军、学术专家、政坛名流。但是，如何看待这些情绪，如何面对并克服它们，决定了人与人之间的不同。

高效能人士和真正杰出的人，和其他人一样，也会对做的事情产生情绪，甚至也并没有比其他人更热爱这件事，但不同的是，他们依然能保持投入。强者和弱者的区别就在于如何处理情绪，弱者被情绪吞噬，被情绪牵着鼻子走，强者正视情绪，直面挑战，战胜甚至控制情绪。

所以，你想成为弱者还是强者？你想当情绪的主人还是奴隶？

选择权在你。

当情绪来袭时，学会控制它，甚至有效地运用它，然后让自己专注于真正重要的事情，这将决定你的人生走向。

信念的力量

神奇的大树

从前，有个人在一条小路上悠闲地散着步，走着走着，他竟然走到了天堂！天堂，是一片广袤无垠的绿草地，远处是开阔的天空和连绵不绝的山脉。

他继续走着，看到草地的不远处有一棵巨大的树，树下的草如绿色的绸缎，看着柔软细腻，随风摇曳闪着光泽。于是，他决定到这棵树下歇一歇脚。来到这棵树下，他不知不觉地睡着了。

等他醒来，远方景色依旧美丽，这时，他突然觉得有点饿了，心想如果有美食可以填饱肚子就好了。谁知，在他的身边竟然突然出现各种美味佳肴，而且都是他品尝过的食物，香气扑鼻！他十分惊喜，立马抓起身边的美食，痛痛快快地大吃了一顿。

吃完了美食，他又觉得有点口渴，心想，如果有喝的东西就好了。忽然，他的身边又奇迹般得出现了各种美酒，醇香无比，于是他又欣喜地开怀畅饮了一番！

酒足饭饱之后的他非常满足，但是，面对突如其来的美食和美酒，一丝恐惧划过他的脑海，他开始感到不安，为什么这些美味会凭空出现？是谁把它们变出来的？天哪，一定是鬼变出来的！这里一定有鬼！

说时迟那时快，不知从哪儿蹦出了一群恶鬼，面目狰狞地向他跑来！他惊恐万分，心想：完了，完了，这些鬼一定会折磨死我的！

最后，他被一群妖魔鬼怪折磨至死。

这个可怜的人大概永远不会知道事情背后的真相。

真正的原因是，他坐在一棵许愿树下。只要坐在这棵许愿树下，任何人心里的愿望、想法都会成真。这就是为什么他想要美食，美食就会凭空出现，他想要美酒，美酒也会显现。所以，当他心中认定有鬼时，鬼也会出现，当他深信不疑鬼会折磨他时，这些鬼自然不会放过他。

这是一则非常古老的故事，一棵神奇的许愿树，只要来到树下就能满足人所有的心愿。

在现实中，我们每个人都拥有一棵许愿树，这棵树就种在我们的大脑里，你相信什么，什么就会成真。

福特汽车公司的创立者亨利·福特就说过："无论你认为自己能还是不能，你都是对的。"

一个认为自己能做到的人和一个认为自己做不到的人，到最后都会是对的。脑海里固有的想法、思维、观念和信念，是影响我们行为的关键。这些脑海里无时无刻不在产生的想法和思维，就形成了认知，这些认知导致我们会产生思维方式 A，还是思维方式 B、C、D……不同的思维方式让我们对事物产生不同的应对方式，做出不同的行为，这些行为最终转化成了不同的人生结果。

满分学习法之七：信念法则

你相信什么，什么就会成真。脑海里固有的想法、思维、观念和信念，是影响我们行为的关键。不同的思维方式让我们对事物产生不同的应对方式，做出不同的行为，这些行为最终转化成了不同的人生结果。

　　阻碍我们实现人生目标的想法和思维方式就是限制性信念，限制性信念往往是消极的、抱怨的和悲观的想法。小的限制性信念，对人生具有一般的破坏性，如早上起床后，不小心撞到了脚趾，心想太倒霉了，今天运气真不好，结果一出门遇到堵车，到公司就迟到了，工作又遇到卡壳推进不了，这一天就真的变成了"运气不好的一天"。

　　大的限制性信念，对人生具有巨大的破坏性，会直接影响人生的走向。比如，认为"只有辛苦地卖力工作才能赚到钱""成功只有这一条路""某事对我来说是不可能的"，这些想法决定了我们会怎么做、怎么解决问题、怎么做出选择，进而影响了我们整个的人生发展轨迹。

　　而后，这些各种各样的负面认知，就成了人生的"游戏规则"，形成了人生脚本的框架和蓝图。于是，人生就有了这样的结果：辛苦地赚钱，生活却一直不富裕；刻苦地学习，成绩却不见提升；明明很努力，却始终离目标很远。

　　但是好在这些规则都是你定的，你可以对"游戏规则"进行改正，而且有且只有你能改正。

信念法则一： 消除限制性信念

在我们的成长过程中，总会发生各种各样的事，有着各种各样的经历，每一种经历都会带来特定的体验，形成一种特定的信念。但是，如果我们没有随着情景改变信念，而是继续运用已有的信念，那这一信念就形成了"限制性信念"。

例如，当孩子没有很好地完成一项任务时，家长就会批评道："你怎么连这个都做不好，×× 就做得很好！"虽然只是针对这件事，但很容易让孩子觉得自己不够好，什么都不会做。孩子一旦产生了这种限制性信念，他就会将其带入别的场景中，每当要完成一些有挑战的任务时，都会觉得自己不行，没有别人做得好。

那些制约着我们成长和探索人生的想法，就是限制性信念，它们往往来自早年的经历、家长、教育和成长环境等。它就像脑海里的另一个声音，在你要前进时不停地拖你的后腿，说着"你不行""你不够好""这件事是不可能的"等言论。

很多时候，限制性信念深深埋在潜意识里，让我们发觉不了，我们甚至会创造情景来迎合限制性信念。例如，一个人在心底觉得人生不会有改变也没有希望，当机会摆在眼前时，虽然表面上这个人也会去争取，但内心深处的恐惧会让他不要全力以赴，让机会白白溜走，为自己制造了一种"没有希望"的情景，这又再次证实了他的限制性信念。

只有你能限制你的人生发展。你是有能力改变这一切的。

首先，我们要觉察限制性信念。

把这些负面、消极的限制性信念看作一种污染源，它产生后就会污染你的心灵，从而影响你的情绪。然后，这个污染源不光会影响你自己，还会通过你的行为散发出来，继续污染你身边的人和世界。如果你一直被消极想法影响，会让你的周遭陷入负面循环。

观察自己脑海里出现的声音，在必要时可以做记录。每当脑海中冒出一个消极想法，不要认同它。抓住它，让自己意识到自己正在产生这样的一个想法。例如，想参加学校里的一个比赛，心里却想着"怎么可能呢，我怎么可能得奖"，这就是一个限制性信念，一定要先意识到它的存在。只要觉察到它了，你就已经成功了一半。

> 小心你的每一个想法，小心你说出去的话，因为你的思想和语言中有着重塑世界的力量。

其次，找出它背后的原因。

一旦产生了负面的想法，想想自己为什么会这样想。问问自己以下问题：

（1）第一次产生这个感受是在什么时候，当时发生了什么事情？

（2）有哪些印象深刻的事让你产生了这种感受？

找到这些典型的经历，回忆一下，是谁说过什么话吗？当时的什么情景造成了这种想法？这些经历给你带来了什么感受？

很多时候，限制性信念来自童年的经历。小时候遇到的事情会深深烙印在心底，让我们一直保留着这些负面想法，并用这些想法来应对人生接下来发生的每一件事。儿时产生的那个最强烈的感受，长大后就会变成你生活中最常见的感受。但是，你已经不是当初那个你了，你现在有能力应对一切事物。要明白，你的所思所想，从来不受外界的影响，你是唯一能控制自己的想法的人。

信念法则二：精神自律

种瓜得瓜，种豆得豆。信念就是在大脑中种下的一颗种子，最后结出什么样的果实完全在于你当初种下了什么样的种子。那颗种子就是想法、信念和思想，果实就是你的人生结果、成就。

所以，你不可能种下瓜的种子，却收获了豆子。你也不太可能种下消极的信念，却得到积极的果实。俗语中的"祸不单行""好事成双"都是这个道理，好的想法、好的信念会吸引更多的好事，消极的想法就会导致更多消极的事情发生。

信念法则就是你相信的，最终就会成真。你就是你人生的编剧，你在脑海里产生的思想、想法就是脚本，最终演变成你的人生剧情。你怎么看待这个客观世界，你就会得到一个怎样的世界。

✦ 精神自律

不光身体需要健康饮食和加强锻炼，精神也需要"节食"。

精神力量是看不见、摸不着的，它就像一只无形的手控制着我们。但是精神力量依然是可以被观测和衡量的。如果把它比喻成食物和身体的养料，那么积极的思想就是有营养、对我们身体有益的食物；消极的思想就是垃圾食品，如思虑、担忧、自我怀疑就是"重油重盐的加工食品"，偶尔吃也许无妨，但吃多了会给精神带来负担，让精神变得不健康。

所以，我们要做的是剔除没有营养的思想和杂念，少思少忧，少一些自我怀疑，少一些对别人的不满，多摄入一些积极、干净、有营养的想法，多想正面的事。当然，就像减肥健身不可能一天就见效，精神自律也是一个循序渐进的过程，但我们要坚持，每天定时定量地积累积极的想法。

✦ 信念就是重复的想法

重复力不光能用在培养技能方面，也可以用来培养信念。信念就是不断重复的想法，是可以通过练习改变的。不断重复积极的思考方式，直到它们融入你的生活。反复想自己是可以做到的，重复多了就变成了信念。

德约科维奇就说过，他不光专注网球技巧训练，同样关注心智训练。心智训练也是他日常训练的一部分，这让他在比赛中更专注，更能灵活应对复杂的局面。

信念法则三：转念

"不要让未来成为过去的复制品。"

✦ 专注于当下

每一秒都可以重生。过去的信念不能代表现在的你，只要放下过去的思想，你就是一个全新的你。

当你选择放下过去，忘掉未来，专注于当下每一件正在发生的事时，你就是一个明智的人。过去离你远去，未来还没有到来，此时此刻，你就是你。

你的信念是什么，你的生活就是什么。

你的信念是什么，你就会遇到什么人。

你的信念是什么，你的生活就会发生什么事。

你要为脑海里出现的每一个想法付出代价。这个想法要么是积极的，要么是消极的，没有中性的想法。积极的想法帮助我们一步步实现目标，帮助我们看到机会、找到方法、努力前行；消极的想法对我们无益，削弱我们的能量，让我们离目标越来越远。

作者耶六在《64 种逆思维》一书中就形象地写道："如果在心里一直想着讨厌的人，就相当于邀请讨厌的人来到家里，每天都要和讨厌的人待在一起。"

✦ 转变信念

观念和想法是可以改变的，有些信念你不用带着它们过一生。客观地去看待随时随地出现的想法，像阅卷老师一样，看到消极观念，打个叉，改成正面的想法。不要参与到这些思维里，更不要深陷其中，把自己抽身出来，仿佛在看另一个人的思想一样。

你的世界由你的观念塑造。转变关注点，你会发现世界豁然开朗。著名学者芭芭拉·奥克利讲到，她有一名学生，每天凌晨四点半起床学习，但这名学生不会想早起多么痛苦，而是会想一会儿就能吃到丰盛的早餐，于是早起变得很有动力。这名学生，就是转变了对事物的关注点，让任务本身显得没那么困难。不要总去找阻碍，而要想如何实现；不要总去想困难，而要想成功后的喜悦。

学会用新的信念代替旧的信念。例如，当做错一件事时，你觉得非常自责，认为自己很无能。转变这个固有思维，要明白谁都有犯错的时候，连那些历史伟人也一样会犯错。你在这件事上吸取了教训，下次做得更好了，这反而是一种收获。

✦ 做自己的啦啦队

自我肯定和积极的自我暗示能帮助你树立信心。你说出去的话，会像一个回旋镖，最终会回到你身上。当你遇到问题时，说"我做不到"，你就会放弃，连尝试都不会尝试，这也是一种惰性；当你认为自己能做到时，你会积极思考解决办法。所以，停止抱怨，多说鼓励自己的话，多说积极的话。

遇到难题时，还有一句秘密咒语，可以帮助你换一个角度看问题，就是对自己说"事情开始变得有趣了，让我看看接下来会发生什么有趣的事情"，这会让你觉得接下来发生的事情虽然有挑战，但会很有意思，会带来不一样的体验，就像玩游戏一样，过了这一关就会晋级！

✦ 练习信念

积极的信念也需要反复练习。

自信，与其说是一种心态，不如说是一种能力，一种可以通过培养而学会的能力。 我们可以通过练习学会技能，也同样可以通过练习培养信念。

自信不是盲目乐观地认为自己做什么都能成功，而是相信无论遇到什么，通过自己的学习、努力和改进，都会让事态往好的方向发展。带着这种想法——**"可以有我不会的东西，但没有我学不会的东西，前进吧！"** 所以，把自信当作一项技能去培养，就像你学习制作 PPT、学习英语一样，自信也是任何人都可以拥有的技能。

如何应对压力，面对恐惧

✦ 压力的危害

压力都是负面想法带来的，还会导致疾病。精神上的压力会影响身体健康。加拿大医学家塞里埃就认为，导致胃溃疡的一个原因是持久的精神压力和慢性疲劳。

严重的压力还会对记忆和精神造成极大的损害。

消失的图案

美国有这样一家特种训练学院，通过模拟士兵落入敌方的各种场景，开展一系列特种演练。例如，士兵会被带到模拟的战俘营，接受各种严刑拷打，以防止士兵真正面对这样的情景时把重要信息告诉敌方。这些酷刑极其残忍，挑战生命的极限。

精神病学家查尔斯·摩根在这里开展了一项实验，让士兵完成一种"复杂图形记忆测试"，即让士兵观看一张复杂

的图，然后凭记忆画出这张图。

他发现士兵在接受酷刑前，都能很好地画出图形，基本完整回忆出了复杂图形的样式。但在接受酷刑后，士兵不但无法很好地完成，甚至有些人画得像几岁的孩子画的。

这是因为在接受审讯的过程中，士兵的精神压力太大，影响了他们的记忆。原以为通过严刑逼供可以让人说出真实信息，但结果却相反，在面对如此大的压力时，士兵甚至连基本的内容都记不清了。

所以，压力过大，过于紧张，人就绷不住了。甚至连正常的应对水平和记忆水平都会受到影响。

有时候，压力是我们自己带给自己的，让我们觉得有压力的不是某件事本身，而是对这件事的"假想"和想到这件事的"感受"。例如，上台演讲这件事本身只是一项任务，让你感到有压力的是对不确定性的恐惧，担心当天会出什么差错、害怕讲错等。

✦ 直面恐惧

在面对紧张和害怕时，我们越是怕什么，就越要搞清楚到底怕的是什么？要看清这种恐惧，例如，担心演讲的不确定性。我们可以通过一些途径增加确定性，如先到现场熟悉场地、测试设备、进行演讲彩排等。

面对任何情况，我们都可以做出三种选择：改变现状，接受现状和逃避现状。

不要逃避恐惧，越是逃避，问题就会变得越大。遇到问题，说明这个情况对我们来说存在挑战，正是这种挑战，帮助我们走出舒适区，一步步突破自己。解决了问题，我们就进步了。每个人都要面临成长，每个人都需要面对恐惧。

对于经历过磨难并走出来的人，他的未来是没有天花板的。

✦ 失败不可怕

不要因为对失败的恐惧而停止行动。失败本身并不可怕，可怕的是我们认为失败代表着我们毫无价值，代表着我们无法取得成功。我们从来就没有失败过，只不过还在通往成功的道路上。

从失败中吸取的教训更加宝贵，营销专家麦克马斯就认为，比起展示畅销产品，更应该展示那些失败的、被证明行不通的产品，这样才能让产品设计人员不会再犯同样的错误。

你能想到的所有伟人，都遭受过无数次的打击。例如，达尔文在出版《物种起源》时，就遭受了社会上严厉的抨击，因为他违背了当时的主流理论创世论。

J.K. 罗琳的哈利·波特系列中的第一部在发表前就连续遭到多家出版社的退稿，但这些并没有阻碍她打造风靡全球的魔法世界。

✦ 人际关系的压力

我们看待别人的方式，就是我们看待自己的方式。别人只不过是一面镜子，照出了我们内心的想法。例如，公司的同组有一位十分外向的同事，你觉得他大大咧咧，令你感到心烦，也许正是因为你讨厌自己身上"外向"的部分，因此折射到了那位同事身上，于是开始讨厌他；还有一些看到孩子犯错的家长，总会对孩子表现得很不耐烦，也许是家长本身不接纳自己在某些地方做得不够好，所以也不允许孩子犯错。

关键不在于别人说了什么，做了什么，重要的是你如何看待这件事。

实操：签署"人生合同"——全面激发个人潜能

每个人都想成功，都想有所成就，但问题是，你有多想？

心里默念你的目标，如考上某所学校，或是实现财富自由，然后感受你有多想实现它。以下为三个等级，看看你属于哪个等级。

第一级，我想考上××大学。

第二级，我选择考上××大学。

第三级，我致力于考上××大学。

在第一级，你只是想想而已，考上也行，考不上也行，这就是大部分人的状态，抱着试一试的心态。在这种状态下，大部分人都不会成功，而且在面对困难时会容易退缩，还会给自己找一堆借口；久而久之，就很容易在中途放弃理想。

在第二级，比在第一级稍好一些，你愿意主动出击，你愿意去尝试，但是你依然给自己留有余地，认为能实现当然不错，如果实现不了就算了，没有下定决心。

只有拥有第三级的心态才能成功。下定决心，不实现绝不罢休，这才是高效能人士的心态。这时的你，把这个目标当作人生唯一的任务，你愿意为之付出一切，因为你只有这一个目的地，你必须到达那里。而且你相信自己一定能行，实现这个目标已经变成了你的信念。遇到问题，你不会找借口，你不会推脱也不会退缩，你会积极地找解决方法，你会想尽一切办法直到成功。

让我告诉你，你是唯一能让你的目标成真的人，成功从来都不是轻而易举的，只有在没有结果时依然能做到全情投入，你才能到达理想的彼岸。

接下来，我们要签署一份"人生合同"。

这是你和你自己签署的一份合同，你要做自己的监管人，和自己约定一定要完成这个目标。你既是甲方——监督方，也是乙方——执行方。合同的内容就是关于你的目标，把你的目标比作一个工程或者一个项目，现在我们就要在合同中约定什么时候完成、如何完成等。

签合同的这个动作非常有仪式感，写下来，你会体验到一种神奇的力量，让你的目标不再是一个说出来玩玩的概念，而是变成白纸黑字的承诺。好好思索一下你的人生目标，然后写在下面的合同上。

_____人生合同

甲方：_____

乙方：_____

签署日期：_____

　　甲方作为监督者，乙方作为合同的具体操作和实施者，均要共同完成以下承诺：

　　1.乙方_____须在_____年_____月_____日（日期）前，完成_____目标。

　　2.具体实施措施如下：

　　（1）

　　（2）

　　（3）

　　3.如乙方按时按要求完成，将奖励_____（任何你可以给予自己的奖励）。

　　4.如乙方未按时完成，须接受_____的惩罚（任何对你有震慑力的事情，如承包家里的家务，或者一定数额的"罚金"）。

　　5.合同即刻生效。

甲方签字及日期：_____

乙方签字及日期：_____

　　写完之后签字，这份人生合同就正式生效了！接下来，你要尽全力履行合同的权利和义务了。

　　前方有一个灿烂的人生在等着你，想做什么事情，现在就去做吧！

　　祝你拥有一个精彩的人生。

本书献给刘可乐

参考文献

[1]　理查德·费曼.费曼讲物理 [M].长沙：湖南科学技术出版社，2019.

[2]　周岭.认知觉醒 [M].北京：人民邮电出版社，2020.

[3]　哈维·艾夫.有钱人和你想的不一样 [M].长沙：湖南文艺出版社，2017.

[4]　史蒂夫·柯维.高效能人士的七个习惯 [M].北京：中国青年出版社，2020.

[5]　池谷裕二.考试脑科学 [M].北京：人民邮电出版社，2017.

[6]　朗达·拜恩.秘密 [M].长沙：湖南文艺出版社，2018.

[7]　史蒂夫·诺特伯格.漫画番茄学习法 [M].北京：人民邮电出版社，2023.

[8]　查尔斯·都希格.习惯的力量 [M].北京：中信出版社，2017.

[9]　写书哥.费曼学习法 [M].北京：人民邮电出版社，2022.

[10]　宁梓亦.记忆宫殿 [M].北京：中国纺织出版社，2018.

[11]　约瑟夫·墨菲.潜意识的力量 [M].北京：光明日报出版社，2014.

[12]　诺瓦克·德约科维奇.一发制胜 [M].北京：北京联合出版社，2014.

[13] 蒂莫西·费里斯.一周工作4小时 [M].北京：文化发展出版社，2010.

[14] 耶六.64 种逆思维 [M].北京：北京时代华文书局，2022.

[15] 柳柳.康奈尔笔记法 [M].北京：人民邮电出版社，2023.

[16] 凯文·克鲁斯.高效 15 法则 [M].北京：中国友谊出版公司，2017.

[17] 申克·阿伦斯.卡片笔记写作法：如何实现从阅读到写作 [M].北京：人民邮电出版社，2021.

[18] 林恩·莱夫利.不再拖拉——教你立即采取行动的7个步骤 [M].北京：中信出版社，2002.

[19] 芭芭拉·奥克利.学习之道 [M].北京：机械工业出版社，2016.

[20] 石井贵士.1 分钟超强记忆法 [M].北京：中国水利水电出版社，2016.

[21] 东尼·博赞，巴利·博赞.思维导图 [M].北京：中国广播影视出版社，2022.

[22] 卡罗尔·德韦克.终身成长 [M].南昌：江西人民出版社，2017.

[23] 安德斯·艾利克森，罗伯特·普尔.刻意练习：如何从新手到大师 [M].北京：机械工业出版社，2016.

[24] 路斯·哈里斯.自信的陷阱：如何通过有效行动建立持久自信 [M].北京：机械工业出版社，2019.

[25] 沃尔特·鲍克，罗斯·J.Q.欧文斯.如何在大学学习 [M].天津：天津科学技术出版社，2020.

[26] 马尔科姆·格拉德威尔.陌生人效应 [M].北京：中信出版社，2020.

[27] 马尔科姆·格拉德威尔.引爆点 [M].北京：中信出版社，2020.

[28] 埃克哈特·托利.当下的力量 [M].北京：中信出版社，2013.

[29] 吉姆·洛尔，托尼·施瓦茨 . 精力管理 [M]. 北京：中国青年出版社，2022.

[30] 米哈里·契克森米哈赖 . 心流：最优体验心理学 [M]. 北京：中信出版社，2017.

[31] 高桥政史 . 聪明人用方格笔记本 [M]. 长沙：湖南文艺出版社，2020.